Heinrich Preschers

Gegenwarnung an Doctor Lucas Osiander, dass er sich einer neuen antichristischen Gewalt in der Kirchen nicht anmaßen will

Heinrich Preschers

Gegenwarnung an Doctor Lucas Osiander, dass er sich einer neuen antichristischen Gewalt in der Kirchen nicht anmaßen will

ISBN/EAN: 9783743624153

Hergestellt in Europa, USA, Kanada, Australien, Japan

Cover: Foto ©Lupo / pixelio.de

Weitere Bücher finden Sie auf **www.hansebooks.com**

Gegenwarnung ahn Doctor Lucas Osiander/

Daß er sich eines newen Antichristischen gewalts in der Kirchen nicht anmassen/ vnd frömbde Diener vnd Vnderthanen wider jhre Christliche Oberkeit/ vnd dero Gottselige/ friedfertige Mandata nicht verhetzen wolle.

Gestellt
Durch etliche reine Prediger des Göttlichen Worts zu Heidelberg.

Tit. 3.

Erinnere sie/ daß sie den Fürsten vnd der Oberkeit vnderthan vnd gehorsam seien/ zu allen guten wercken bereit seien: Niemand lestern/ nicht hadern/ gelinde seien / alle sanfftmütigkeit beweisen gegen allen menschen.

Gedruckt durch Mattheum Harnisch.
1584.

Gegenwarnung an Lucas
Oſiander D. ꝛc.

An hat viel vnd offt geſagt / es haben vns auch die alten gewarnet / da es gegen dem Jahr 1584 / ſonderlich aber 1588 ſein werde: ſol dieſelbige zeit (dieweil damals etwas wunderbars zugewarten) fleiſſig in acht genommen / vnd betrachtet werden. Vnd zwar es wiſſen faſt alle verſtendige vnd fridfertige Leut in Teutſchland / vnd ſehen es mit ſchmertzen / daß / ob gleich nach abſterben der vornemmen Helden / ſo die Augſpurgiſche Confeſſion geſtellet / vnd auff allen Reichstägen verthediget habē, den Vbiquitiſten vnd Flaccianern der mut ſehr gewachſen: jedoch ſonderlich vom Jar 1580 jhre frechheit vberhand genommen / beſchwerliche trennungen eingefüret worden / vnd ſich (wie zu beſorgen) allgemechlich die boßheit des newen Antichriſtenthumbs angefangen hat zu regen / daß / wo es der liebe Gott nit verhütet / ſehr zu förchten / ehe wir das 88 Jar erreichen / werden wir durch ſolcher leut anſtifftung in ein wunderbare zerrüttung / vnd in ein ſolches joch gerahten / welches vns nicht weniger als deß Römiſchen Antichriſts joch ſchwerlich drücken

Der anfang deß newē Antichriſtenthumbs.

wirt. Vnd daß jhm also sey/beweisen vnder andern Lucæ Osiandri Doctoris vbiquitatis, vnd Hoffpredigers handlungen vnd schrifften/daß ja keiner von den vornemmen Vbiquitetslehrern ist/ der nit mit einem newen primat schwanger gehe/vnd nach dem Antichristischen vnsaubern geist stincke. Welchs wir ob Gott wil/hell vnnd klar/das ein jeder/der den schnuppen nit hat/es riechen wirt/beweisen vnd darthun wollen: hetten gleichwol viel lieber dero leuth schand vnd vnarth zugedeckt. Dieweil aber er D. Osiander mit solchem grim vnd hochmut offentlich herauß fehrt/ daß er auch in die Churfürstliche Pfaltz fallen/dieselbe stürmen/vnd seine hund/wie er sie im titel nennet/wider jhre Oberkeit/vnd dero Christliche Mandata zu hetzen sich vnderstehet/müssen wir dem Exempel deß H. Apostels folgen/der von einem Diotrephe, dessen Nachfolger Osiander ist/also schreibt: Diotrephes der hoch gehalten sein wil/nimpt vns nicht ahn: Darumb wenn ich komme/wil ich jhn erinnern seiner werck die er thut/vnd plaudert mit bösen worten wider vns: Läßt jhm an dem nicht genügen: Er nimpt nicht die brüder an/vnd wehret denen die es thun wöllen.

Osiandri vermessenheit.

3 Epist. Johan.

Damit nun er Osiander als in einem spiegel sehen möge/ wie sein Geist dem Geist des Antichrists sehr ehnlich werden wil/ wo er nicht zeitlich in sich selbst gehet/vnd für des leidigen Sathans list vnd verfürung sich hütet/wöllen wir etliche kennzeichen/

zeichen/ vnd indicia desselbigen Geists/ die man an
jhm spüret/ guter meinung jhm vorhalten.

Erstlich weiß er/ wie der Antichrist/ (spricht Da verst
Daniel im 7 cap.) alle land werde fressen/ vnd zu- tennzei-
tretten wöllen/ vnd vom Gregorio magno selbs/ als geists des
so fürgemalet vnnd beschrieben worden/ das er Anti-
durch vermessenheit/ für ein General vnd allgemei- christs in
nē Bischoff werde wollē angesehen sein/ wie dañ Os- Osiandro.
ander sich vberreden lest/ er sey auff die zinnen des
tempels gestelt/ vnd hab macht vber alle Kirchen
in Franckreich/ Niderland/ in der Churfürstlichē
Pfaltz/ was er setze/ warne/ richte/ sol allein gelten:
Gedencket nit wie er vor wenig jarn/ von dē Nider-
lendischen vnd Frantzösischen Kirchen/ mit seiner
außgangnen warnung an dieselbige/ abgefertiget
sey worden: Mercket nicht/ daß der Osiandrische
name in Teutschland noch nit so werde vnd holdse-
lig sey/ daß jedermenniglich vor solchem namē sich
biegen/ vnd dardurch dem Hern Doctori als bald
zugehorsamen bewegē werde lassen. Erinnert sich
nit/ wie der hochmut/ fürwitz/ vnd die leidige Poly-
pragmosyne seinen Vatter in schrecklichē jrrthumb/
vnd seinen schwager Funccium, der in Preussen das
FAC TOTVM in geistlichen vnd weltlichen sachen sein
wolt/ in jamer vñ not gestürtzt hat/ dz wir gesch wei-
gen/ was für einen elenden außgang sein Consort vñ Balth. Bi-
mit Hoffprediger zu Stutgardt gewonnen/ nach denb.
dem er Anno 76 vnd 77 auß seinem beruff geschrit-
ten/ vnd sich die vnschuldige fromme Kirchen vnd
Schuldiener in der Churfürstlichen Pfaltz vnuer-
hört zu verdamen/ vnd wegen deß zugemeßnen Caluinismi zuuerbannē vnderwunde hat. In suma wie

A 3.

S. Paulus Gal. 6 erinnert: So sich jemands lest
duncken er sey etwas / so er doch nichts ist / der betreugt sich selbs. Ein jeglicher aber pruffe sein
selbs werck. Denn vermessenheit vñ hochmut thut
nimmer gut/vñ wie S. Peter 1. Epist. 4 vermanet:
Niemand vnder euch leide / als ein vbeltheter
oder der in ein frembd ampt greifft/ etc. Dieses

Ein Lutherische warnung an Osiandrum.

laster (spricht Lutherus vber denselben text)
treibt der Teuffel allermeist in den falschen Christen. Die wollen immer viel zuschaffen haben/
vnd regieren da jhnen nichts befohlen ist / wie die
Bischoffe vnnd Geistliche thun / regiren die welt.
Item/ die vffrurische vnnd furwitzige Prediger
schedliche vnd gefährliche leut/etc. Vnd eben diese
erinnerung haben die Theologen in der Newburgischen obern Pfaltz Anno 76 dem Probst zu Tubingen / da er die Vbiquitistische Concordi formul
herumb getragen / gethan / daß er nemlich wider
seinen beruff handlete / vnd seines ampts daheim
außwarten solt / dann er keinen Apostolischen beruff (welcher mit den Aposteln auffgehöret hett)
weder mit schrifften noch wunderwercken könte beweisen. Da aber D. Osiander seine warnungen

Ob Osiander seine warnung auß Christlicher lieb gethan.

also deuten wolte / daß er nicht aus vermessenheit/
freuel oder vorwitz/ sondern aus Christlicher lieb/
welche sich an alle gliedmassen der Christlichen gemein streckt/ dieselbige gethan vnd geschrieben hett/
sol er wissen/ daß er kein verstendigē dessen bald vberreden werde: Den erstlich merckt man an jm/ gleich
im titel seines buchs ein grewliche sucht/ schwermut/vnd fast die kranckheit/so die ärtzt Lycanthropiam

pian nennen/ dañ er im lauter Wölff in der Churfürstlichen Pfaltz einbildet/ vnd seine hund wider dieselbige hetzet/ da viel mehr die Christliche lieb jn billich solte vermögen/ daß er nicht auß argwohn/ oder aus einer parthey vnd gifftiger leut Relation ein solches vrtheil fellen/ sonder gründlich zuuor erkundigen/vñ deß angeklagten theils (fürnemblichen/ weil sein anklag die löbliche vnd höchste Oberkeit der Churfürstlichen Pfaltz antrifft) bericht einnemmen/ vnnd derselben ein ohr gönnen solte. Zu dem/ wo ein fünck lein Christlicher lieb vnd rechten verstands bey dem Mann wer/ solte er bey jhm selbs ermessen/ das es nicht gut thun werd/ wann viel hund in der Pfaltz bellen/vnd der Oberkeit Mandata anheulen vnd verlestern/ welches nur viel zu viel/ leider von vielen vngestümmen/ vnd vnbescheidenen Predigern geschihet/ also daß alle tag fast auß allen ämptern von den armen vnderthanen/ vnd zum theil von den Ampt leuten klagen kommen/ vber solchs vnbefugt/ auffrürisch/ vnd ergerlich schreien vnd lestern vieler Prediger/ die etwan von jhrem Patriarchen Osiandro vertröstet sind/ wann sie nur dapffer lestern/ werd er sie entweder zu reichen Apteien vnd Pfründen promouirn/ oder widerumb in jhre Pfahren mit gewaffneter hand einsetzen. Es tröstet sich aber vnsere Christliche Oberkeit deß spruchs der im 22 Psalm stehet: Hunde haben mich vmbgeben/vnd die böse rotte hat sich vmb mich gemacht: Aber du HErr sey nicht ferre/ meine stercke eile mir zu helffen/ errette mein leben von den Hunden. Wir

Trost wider die hunde O= siandri.

hören

hören aber wol/ was diese leut vorwenden/vnd wie
sie jhr warnen / bellen/ vnd schreien vermänteln
wollen: Nemlich/ dieweil es zu thun sey vmb solch
Mandat vnd Edict, wie Keiser Carl anno 31, oder zur
zeit des INTERIMS anno 49 Mandat gemacht hat / wider welche D. Luther/ vnd andere Euangelische
Lehrer geschrieben/ oder wie es Osiander gar wü-
tig im eingang seiner warnung vorgibt/ es sey vmb
ein solchs Mandat zu thun/ wie der Gottloß Haman
võ König Ahasuero eins herauß gebracht hat/ daß
man alle Jüden tilgen vnd außreuten solle. Daß
sind fürwar starcke vrsachen / die ein gantz Land
auffrürisch machen möchten / wann die sachen also
beschaffen weren. Wer aber die auge ein wenig auff
thut/ vnd das Mandatum recht liset/ od die handlun-
gen/ so in der Churfürstlichen Pfaltz vorgehn/ an-
schawet/ vnnd Osiandri vnd seiner Consorten lehr/
thun/ fürnemmen/ vnd Process wider die vnsern
dargegen helt/ der wirdt bald finden/ wer für die
abgötter streitet/ wer der abgötterey/ so der Pabst
mit den runden hostien treibt/ die thür aufftchue/
wer der Haman sey/ der hohe Potentaten wider vnschuldige leute verhetzet/ vnd zur verdammung vñ
vertilgung derselbigen reitzet: Dan daß wir den

Die rech- Haman finden / müssen wir in die Histori Esther
te Histori gehen/ vnd dieselb erwegen/ sonderlich was im drit-
Haman: ten Capitel vom Haman gemeldet wirt: Wie nem-
vnd wer lich der König Ahasuerus den Haman groß ge-
Haman macht/ jn erhöcht/ vnd seinen stul vber alle Fürsten
sey. die bey jhm waren/ gesetzt hab/ also/ daß alle knecht
,, des Königs beugeten die knie/ vnd betteten Ha-
,, man an: Allein der from Jud Mardocheus wolt
es nit

es nicht thun: Darumb Haman voll grims ward/ vnd trachtet das gantz Jüdisch Volck zuuertilgen/ beredet den König/ es wer ein Volck zustrewet im Land/ vnd hett andere gesatz/ dann andere Völcker: bracht also ein gebott herauß zuuertilgen/ zu erwürgen/ vnnd vmbzubringen alle Jüden beide jung vnd alt/ kinder vnd weiber auff einen tag/etc.

Da laßt vns den heutigen Haman entdecken/ vñ sehen/ wer jetz demselbigē chnlich sey. Was ist/ vmb Gottes willen heutigs tags die vrsach/ warumb wir verlestert/ verketzert/ verdampt vnd verworffen/ ja als Wölff/ die man tödten vnnd würgen soll/ angeschrien werden: denn das wir Osiandri vnd der sechs Bergischen Patriarchen schrifften nicht anbetten können? Wolten wir aber den Vbiquitisten vnnd Flaccianern ein fußfall thun/ vnd die Vbiquitet anbetten/ weren wir die beste leut auff Erden. Da wir es nicht thun wöllen/ müssen wir dem Osiandro herhalten/ vnd von jhm auffs aller grewlichst angezogen werden/ da hilfft vns nichts/ daß wir mit S. Paulo 1 Cor. 3 glauben/ daß keiner kein rechten grund legen kan/ außer dem der gelegt ist/ welcher ist Jesus Christus: So man mit Osiandro nicht glaubt die vier widerwertige fundamenta Lutheri im handel des H. Abendmals. Es hilfft vns nichts daß wir die bekantnuß deß Glaubens des alten frommen Lehrers Athanasij, wie auch andere bewerte vralte Symbola annemmen/ wo wir nicht Osiandrum, seine rottgesellen vnd jhre schrifften anbetten: In summa, es gilt die Concordi der trefflichen menner Lutheri, Melanchthonis, Buceri, Capitonis, vnerwogen wie hoch

B

vnnd hart dieselbe Concordia beteurt worden ist/ nichts mehr/ wo man sich nicht zu der Vbiquitisten vnd Flaccianer Concordi bekennet/ die da offentlich Melanchthonem, Bucerum, vnd vast alle vornembste Euangelische Lehrer in verdacht grosser jrrthumben ziehen/ vnd welches zuerbarmen ist/ haben diese Hamans brüder viel ansehliche Herrn vñ Regenten dermassen eingenommen/ daß alle die/ so jhre knie für dem Bergischen Abgott nicht biegen wollen/ so verhaßt vnd vnwerdt sind/ daß man sie weder sehen noch hören oder dulden wil/ sonder ist Osiander der meinung/ daß sie nicht weniger als Wölff angefeindet/ getödtet/ von hunden gejagt/ vnd zerrissen werden sollen. Darumb er auch mit seinen Consorten im stifft Cöln die blutdürstige Spanier viel lieber sihet toben/ dann daß den armen Christen/ die deß Caluinismi, wie er es nennet/ das ist/ der reinen lehr von den Sacramenten/ halben verdächtig sindt/ geholffen/ vnnd zugesprungen werden solt. Da ist billich zu fragen/ wo D. Osiander sein gewissen hingesteckt hab/ als er im eingang seiner gifftigen warnung/ das Christlich friedfertig Mandat/ deß Durchleuchtigsten Hochgebornen Fürsten vnnd Herrn/ Herrn Johann Casimirs Pfaltzgraffen bey Rhein/ Vormunds/ vnnd der Churfürstlichen Pfaltz Administratorn, Hertzogen in Beyern/ etc. Vnsers Gnedigsten Herrn/ dem Gottlosen/ mörderischen Edict vnd außschreibē/ welches Haman vom König Ahasuero wider die Jüden heraus bracht/ hat dörffen vergleichen/ da jedermeniglich/ so gedacht vnserer Gnedigsten Herrschafft Mandat liset/ als bald merckt/

merckt/ vnd es Osiander nicht leugnen kan / das
der inhalt sey / daß das rein wort Gottes sein stra=
cken lauff hab/ die recht verdamte irrthumben/vnd
auch alle vngegründte lesterungē abgeschafft wer=
den: Jn denen puncten aber/so zwischē den Euan=
gelischen noch nicht aller dings erörtert sind/ bei=
derseits gedult getragen/ vnd fried gehalten wer=
de/ biß Gott der HERR gnad giebt/ daß in einem
ordenlichen freyen Concilio, oder sonst in einer
rechtmessigen versamlung der Euangelischē Kir=
chen/ diese ding zu besser richtigkeit gebracht wer=
den. Was ist vmb Gottes willen in solchem Man=
dat: das dem grewlichen Mandat Hamans oder
Ahasueri gleich sey? Haman wolte angebettē sein:
das Fürstlich Mandat will/ daß Gott allein vnd
nicht die menschen oder Prælaten/sie haben ein na=
men wie sie wollen/ angebettē werden. Das Man=
dat Ahasueri ist wider den vnschuldigen Mardo=
cheum gerichtet / daß Fürstlich Mandat befihlt/
daß vnschuldige Kirchen vn̄ Kirchenlehrer nicht
verlestert werden: Dann es ist nicht genug/ wann
Osiander sagt: Die Caluinische haben ein frembd=
de lehr. Dann der Gottloß Haman vberredt auch
den König Ahasuerum also/ das Jüdisch Volck
hett einander gesetz als die andere Völcker/ vnnd
thet nicht nach deß Königs gesetzen/ wie man heut
von vns sagen wil/ in dem wir den Vbiquitisten vnd
Flaccianern nicht beyfal thun/ das wir ein sonder=
bare verworffene Religion haben. Das Mandat
Hamans vnd Ahasueri befalh/ daß man die Jü=
den tilgen vnd würgen solt/ wie Osiander mit sei=
nem schreien vnd lestern (da er vns jetzt den Wolff=

B 2

12

fen/ setzt den Türcken vergleicht) anlaß vnd vrsach
giebt/ daß viel armer Christen auch im H. Reich
verlassen/ ihre sachen/ frömbde sachen geachtet/
vnd also den wütenden Tyrannen zu würgen vber-
geben werden. Hergegen das Fürstlich Christlich
Mandat vermanet zum frieden vnnd zur einigkeit/
vnd leßt daneben die gewissen frey. Darumb billich D. Osiander besser auff seine reden/ vnd ver-
gleichungen acht haben/ vn̄ sich des spruchs Esa. 5
erinnern soll/ der also lautet: Weh denen die bö-
ses gut/ vnd gutes böß heissen/ die auß Finsternus liecht vnnd aus liecht finsternus machen/
die auß sawer süß vnnd aus süß sawer machen/
Weh denen die bey sich selbst weise sind/ vnd halten sich selbs für klug. Item/ S. Paulus Rom. 14.
Wer bistu/ daß du einen frömbden knecht richtest?

*Das an-
der kenn-
zeiche̅ deß
Antichri-
stischen
Geists.*

Wir wollen aber schreiten zu einem andern
kenzeichen deß Antichristischen Geistes/ der sich in
dem Osiandro sehen lest/ dieweil er nemlich gleicher
gestalt/ wie die Päpst zu jeder zeit gethon/ von der
Christlichen Oberkeit/ die es mit ihm nicht helt/
schimpflich zu reden/ vnd hohe Potentaten wider
einander auffzubringen sich vnderstehet/ vnnd
macht es so grob/ daß auch ein jeder gering versten-
diger sehen vnd greiffen muß/ wie er eben der rechte
Mann ist/ der seine fromme Herrschafft wider vnsere gnedigste Oberkeit hetzet/ vnd gleich wie der
Papst Clemens vor etlich Jaren in Italia, also wolt
er in der Churfürstlichen Pfalz gern ein lermen/
zwitracht/ vnd auffruhr stifften vnnd anstellen.

Dann

Dann daß gibt jhm keinen behelff/ noch außflucht/
daß er viel protestiret/ er wolle in seinem schreiben *Nichtige*
mit vnserm gnedigsten Herrn / Hertzog Johan *Protesta-*
Casimiro/ ꝛc. nichts handlen/ sonder allein deren *tion Osi-*
verschlagene Füchsslist anzeigen/ die das Mandat *andri.*
erdacht/ gerahten/ concipirt/ vnd vnder jhres Herren Namen vnd Secret außgesprengt : Dann
da laufft die protestation wider die that/ Vnd die
that wider die protestation / vnd ist fast ein solche
protestation als des Pilati / welcher seine hånd
wusch/ wie er den vnschuldigen Christum zum tode
verurtheilt. Dann heißt das (vmb Gottes willen)
mit Hertzog Johan Casimir Pfaltzgraffen/ ꝛc.
nichts handlen/ wann man die Vnderthanen ver-
manet/ daß sie seiner F. G. Mandatis nicht gehorsa-
men / sonder dieselbige als das Ahasueri oder Hamans Mandat achten sollen? Heißt das mit Hertzog Johan Casimir Pfaltzgraffen/ ꝛc. nichts wollen handlen / wann man so einen vortrefflichen
Fürsten des Reichs/ wie seine F. G. sind / der seines
hohen verstands vnd erfahrung/ wie auch seines
Christlichen eyffers halben/ in allen vornembsten
Prouincien Europæ bekant vnd berhümbt ist/ für
ein solchen alberen Fürsten außgibt/ der nicht wisse
vnd verstehe/ was er vnder seiner Fürstl. G. hand-
schrifft vnd Secret Mandire/ vnd außgehen lasse?
Heißt das mit Hertzog Johan Casimiren/ etc.
nichts handlen wollen / da Osiander seiner F. G.
die würde/ zu welcher dieselbige von Gott dem All-
mechtigen nach dem wolherbrachten recht der Gul-
den Bull/ Pfältzischen vralten Satzungen/ vnd
mit allgemeinem Consens der gantzen Landschafft

B 3

14

pag. 14. beruffen / abspricht / auff Keyserliche Maiestet / vnd andere Stånd drewet / vnd nichts liebers sehe (damit er nur sein mütlein an denen / so jhn vnd sein vbiquiter nicht anbeten wöllen / külen möcht) dann daß die Pfaltz / sein Landsfürst / vnd andere Fürsten einander ins haar fielen? Dann auß seiner gifftigen warnung merckt man wol / woher die verbitterung etlicher Stånd wider die Pfaltz vrsprünglich herfliesse / vnd daß es solche gelegenheit hab (auff daß wir ein gleichnuß brauchen / welches dem Osiandro bekant sey) wie ein fürnemmer Bischoff ein maal sagt / vom Concilio zu Trient / daß

Gleichnus von einer Orgel. nemlich das Concilium beschaffen were wie ein grosse Orgel / vnd des Papsts Gesandten wie die Spielleut: Die Blaßbålck aber weren der Papst vnd seine Cardinål zu Rom. Ein solcher Blaßbalck ist der Teutsche Papst Osiander / sampt seinen mit Cardinålen / vnd fraget nichts darnach / wie es dem Vatterland gehe / noch was für zerrüttung drauß erfolgen mög / wann er nur seinen primat erhalten kan. Solcher Papst aber ist S. Peter nicht gewesen / der im 5 cap. seiner 1 Epistel vn sonst / die Prediger / daß sie vber das Volck Gottes nicht herrschen / sonder einander vnderthon / vnd an der demut vest halten sollen / ernstlich vermanet: welcher Apostolischen warnung alle fromme vnd Gottselige Bischoffe gefolget / vnd nicht auff Keyser oder Fürsten

Die rechte waffen der Priester. sten getrutzt / auch keine andere waffen / dann preces & lacrymas (wie Ambrosius redet) gehabt / vnd (wie Bernhardus spricht) non ferro sed verbo sich verthediger habē. Nach dem aber die Römische Påpst ihre Tyranney vnd Herrschafft wollen bekrafftigen /

gen/ haben sie diesen ranck gebraucht/ daß sie Fürsten vnd Potentaten an einander gehetzt/ vnd mit ander leuht schaden vnd vnderdruckung sich groß gemacht. Es sehe aber Osiander/ daß jhm nicht also gehe/ wie dem Doeg dem Edomiter/ daruon er lesen mag den 52 Psalm. Vnd darff zwar wider die Concipisten des Christlichen vnnd friedfertigen Mandats nicht zörnen/ es sey den daß er wider vnsere gnedigste Herrschafft/ vnnd dero hohe vnnd treffliche Rähte zörnen/ vnd dieselbige rechtfertigen wolle. Will er aber sunst zörnẽ/ so sol er wider die Concipisten der Vorred des Bergischen Concordibuchs zörnen/ da jedermenniglich wol sihet/ daß diese seltzame inn Cantzleien vngewönliche wort/ substantialiter, formaliter, habitualiter, subiectiuè, nicht von Fürsten oder Cantzley verwandtẽ/ sonder von den dichtern des Concordibuchs herkömen. Oder will er zörnen/ so thu er es wider die Concipisten/ deren decreten in der Churfürstlichen Pfaltz/ die den frömen Churfürsten Ludwigen/ löblicher gedächtnuß/ solicitirt vnd gleich genötiget haben/ daß er dem Concordibuch vnderschrieben/ vñ allerley diener/ wegen vnser reinen lehr von den h. Sacramenten beurlaubt vnd abgeschafft/ wie er auch vor sieben jaren in schrifften/ vnserm Gnedigsten Herrn/ Brüderlich/ vnd mit beschwerden geklagt/ daß etliche seine Exceptiones vnd bedencken formulam concordiæ belangend/ sonderlich de Synodo nit in acht genommen weren worden/ vnd weiß vnser Gnedigster Herr auß den Actis so jhre Fürstliche Gnaden bey handẽ haben/ sehr wol/ welche die jenige/ feine sanfftmütige Theologen sind/ die durch ein vnableß-

Welche concipistẽ zustraffen.

vnableßiges anhalten jhrer F. G. Herren Brudern/wider die genante Caluinischen/das ist wider die/so dem Papst Nicolao vnd Martino nicht glauben/also verbittert/vnd zu endtlicher abschaffung derselben gerahten haben.

Das dritt kennzeichē des Antichristischē Geists. Das drit kennzeichen des Antichristischen geists in Osiandro ist der Geist der lügen/calumnien/vnd lesterung/mit welchen jederzeit der Antichrist vmbgangen/vnd seine sach hat wöllen erhalten/wie noch erst newlichen die Königin auß Engelland von den Päpstlern beschuldiget/vnd angeklagt ist worden/als wann jhre Königliche würde/viel leut wegen der Päpstischē Religion verfolget het/da doch in die 26 Jahr/die sie regirt hat/nicht einer/wegen der Religion/wie die Acta publica außweisen/sonder allein auffruhrs vnd schändelicher verrähterey wegen gerichtet worden: also gibt Osiander mit vngrund für/daß es vnserer Christlichen Oberkeit nicht ernst sey/daß sie keinen/wegen der lehr/sonder allein vmb der vnbescheidenheit willen außjagen wolle/dieweil (wie er spricht) schon vor dem Mandat etliche reine vnsträffliche Lehrer beurlaubt worden. In welchen worten Osiandri erscheint zum theil ein grosse vermessenheit/in dem er ein hertzkündiger seyn will/vnd wissen was andere leuht im Hertzen haben/vnd zum theil daß er denen gleich sey/dauon Esaias 28 cap. schreibt: welche die lügen jhr zuflucht vnd heucheley jhren schirm machen. Dann alle handlungen geben das widerspiel/vnnd wissen die Räht/Amptleuht vnd Vnderthanen in der Churfürstlichen Pfaltz/daß man keine Prediger beurlaubt hat/ausser‐
halb

halb zweien abtrünnigen / die es weder mit jhnen/
noch mit vns gehalten haben / vnd dann die entweder kein gewissen bestendigen beruff gehabt / vnd
vberflüssig gewesen / oder aber gleich im anfang sich
als öffentliche feind vnserer Gnedigsten Oberkeit
erzeigt / deroselben das gemein vnd Christlich Ge-
bett nicht gegünnet / sie dem Ieroboam, Achab, vnd
andern Gottlosen Königen verglichen / auch etliche sich öffentlich vernemmen lassen / daß sie jhre
Fürstliche Gnaden bey dem H. Tauff zum Gevat-
tern stehen zu lassen bedenckens hetten / vnd dergleichē vnzalbaren lesterungen mehr / die man mit
grosser gedult zum offtermal hat müssen hören /
vnd sind dannoch solche lesterer nicht als bald be-
vrlaubt / sonder nach notturfft verhört / vberwiesen / vnd demnach sie halßstarrig blieben / vnd von
jhren auffrührischen / vngegründten reden nicht
haben wöllen abstehn (dieweil sie anderstwo anderer diensten gewiß gewesen / vnd nicht hoch nach jhren Pfarkindern gefragt) als dann / eher nicht / abgeschafft worden. Da im gegenspiel die vnsere vor
sieben Jaren durch trieb der Vbiquitetischen vnd
Flaccianischen Prediger vertrieben sind worden /
ehe jhnen einig gespräch / einige ordenliche verhör /
(vngeachtet sie vielfeltig drumb angehalten) viel
weniger ein freye öffentliche Disputation / wie jetzt
geschiehet / vergünt worden: Ja mancher armer
Pfarherr hat mitten in der Nacht ernstlichen befelch empfangē / daß er den Pfarhoff als bald rau-
men solt / vnd da etliche von den vnsern zu Heidelberg mit den ersten Prælaten / die hieher geschickt
waren / in abwesen des Churfürsten / sich zu einem

C

freundtlichen gespräch erbotten/ist jhnen vom Gegentheil geantwort worden/ es stünd in jhrer Instruction nicht/ daß sie mit den vnsern sich vnderreden solten/ allermassen D. Osiander etlichen hohen vnd vornemmen personen/ die ohn gefehr vor anderthalb Jarn von jhm in der Statt Cöln ein Predig zuhören begerten / auch ein solche antwort gab/ daß er dessen in seiner Instruction keinen befelch het. Noch darff der vnrüwige Mann wider vnsere Christliche Oberkeit/ wann dieselbige einen oder zwen/ nicht zwar reine Prediger/ sonder grobe halßstarrige auffrührische Lesterer abschafft/ vnnd wider vns die keinen frieden/ kein freundtlich gespräch/ keinen gruß beim gegentheil können erlangen/ Mordio schreien/vnd sich beklagen/ es werde den Vbiquistischen vñ Flaccianischen Predigern das maul gebunden/ vnd jhnen alle jre waffen genommen/ wann sie nicht mehr wider die genante Caluinisten wüten/ vnnd als rasende Hundbellen dörffen. Dann diese Prediger mehrertheils/ theten gar kurtze predigten/ wo die lesterungen vnd Calumnien wider die so man Zwinglische vnd Caluinische nennet/ abgeschnitten werden solten/ vnnd gilt also bey jhnen diese regel vnd vermanung S. Pauli Phil. 4 gar nichts / da der Apostel spricht: Was warhafftig ist/ was erbar/ was gerecht/ was keusch/ was lieblich/ was wol lautet/ ist etwan ein tugend/ ist etwan ein lob/ dem dencket nach. Was thun aber diese leuht? Ir gröste kunst sol seyn daß sie treffenliche rüstzeug Gottes vnd wolverdiente männer verlestern/ vnd dem Teuffel

Die beste waffen der Vbiquitisten.

Teuffel geben / wie dem Osiandro, Oecolampadius, Caluinus, vnd dergleichen berühmte Lehrer / vnseliger gedechtnuß männer heissen. Denckt nicht/daß er nicht bald einen Propheten recht verstünde / wo jhm die außlegungen solcher trefflichen Männer Oecolampadij vñ Caluini nicht weren zu hülff kommen/vnd ist jhme diß gemein mit dem Antichrist zu Rom/ der Martyrem, Caluinum vnd Bezam für die gröste Ketzer in der welt helt vnd anfeindet / dieweil sie seiner Abgötterey ein grossen stoß gethan/ vnnd wie der Papst alle ergernuß vnd zerrüttungen/vnder andern/den Bawren krieg anno 25/vnd den Protestirenden krieg anno 46/dem Luther vñ seiner lehr zugeschrieben: also muß dem Osiandro die reine Lehr des Euangelij ein vrsach sein alles jamers im Niderland / Franckreich vnd anderstwo/da das Euangelium gepredigt wirdt. Dieses Argument oder diese schlußred haben der Papst zu Stutgart/vnd der Papst zu Rom gelehrnet /von den vngleubigen Jüden/die Jerem.44 cap. sagten: Sint der zeit wir haben abgelassen der Königin des Himels zu reuchern vnd tranckopffer zu opffern / habẽ wir alle mangel gelitten/ vñ sind durch Schwerd vnd hunger vmbkomẽ/ꝛc. Was sonst Carlstat anlangen thut/wie offt haben alle vnsere Kirchen vñ Kirchenlehrer bezeuget/daß sie mit seinen außlegungẽ vnd handlungẽ nichts zuthun hetten: wie offt ist auß den Tomis Lutheri erwiesen worden/daß es besser gewesen were/ er D. Luther durch darreichung eines Goldgüldens/vnd seine prouocation het solchen lermẽ nit angezündet/oder zum

C 2

wenigſten nicht continuirt vnd gröſſer gemacht/
wie auch erbewlicher wer geweſen/ daß er viel mehr
wider die jrrdiſche weißheit/dañ wider die himliſche
Propheten geſchrieben vnnd geſtritten het/ dann
die jrrdiſche weißheit iſt teufliſch/ ſpricht S. Ja=
cob 3 Cap.bringt neid/zanck/vnordnung vnd eitel
böſe ding/die weißheit aber von oben her iſt keuſch/
fridſam/gelind/vnparteyiſch/ꝛc.

    Laßt vns aber hören/ mit was ſchein vnd
gründen D.Oſiander ſeine leſterungen/ Anathema-
ta vnd verdammungen/ dero/ ſo er Caluinianer

Die ver=
meinte
gründ O-
ſianderi wi=
der vn=
ſchuldige
Chriſten/
die er Cal=
uiniſten
nennet.

nent/wider das Chriſtlich Mandat vnſerer Gne=
digſten Herrſchafft zu beſchönen/vnd zu behauptẽ
ſich vnderſteht.Sein erſter grund iſt dieſer: Es ſeie
jhm nicht alſo/ daß Chur vnd Fürſten vnd andere
Ständ ſich vor dieſer zeit verglichen haben ſolche
Condemnationes einzuſtellen.Dieweil aber Oſian=
der wol weiß/ daß alle Reichs abſcheid/in welchen
keiner verdammung der Zwingliſchen vnd Calui=
niſchen gedacht wirdt/ vnd ſonderlich der Naum=
burgiſch Receß, vnd zuvor der Franckfordiſche ab=
ſcheid/ da außdrucklich ſolche condemnationes, ob
ſie wol von etlichen geſucht worden/ außgelaſſen/
eingeſtelt vñ abgeſchlagen worden/mit außdrück=
licher erklärung/ daß man durch ſolche condemnationes kein vrſach geben woll/jemands von der
gemeinſchafft der Augſpurgiſchen Confeſſion vnd
auß dem Religionsfrieden zuſchlieſſen/ wider jhn
ſind/ ſucht er einen andern beweiß/ vnnd wil alſo
ſchlieſſen/die Chur vnd Fürſten haben jhren Theo=
logen geſtattet die Caluiniſche lehr in offentlichen
ſchrifften zu widerlegen:Item/haben dem Concor=
dibuch

dibuch vnderschrieben: Item/ Pfaltzgraff Ludwig Churfürst ꝛc. hat mögen leiden/ daß die Zwinglischen in dero Hoffcapell/ inn seiner Ch. G. gegenwart/ hart sind gestrafft worden: Item/ ihre Ch. G. haben etliche vornemme Diener/ vnnd die Pfarherr/ so in verwerffung des Caluinismi nit eingewilliget/ ihrer diensten erlassen/ auch sich dahin erklärt/ sie weren den Caluinischen von hertzen feind/ folget/ spricht Osiander/ daß Chur vnd Fürsten die condemnationes oder verdammungen der Caluinischen nie eingestelt haben. Hilff Gott wie ist das ein seltzamer vngeschickter/ vnd vngegrünter beweiß? das Christlich Mandat zeucht sich auff gemeine Reichs Recess, vnd öffentliche allgemeine handlungen vnd erklärungen der Churfürsten vñ Ständ des Reichs/ so führet vns Osiander in ein Hoffcapell oder zwo/ vnd das sollen gemeine abscheidt des Reichs sein/ was heutigs tags etliche verleumbder darin predigē. Die Frag ist von Chur vnd Fürsten/ so weiset vns Osiander auff etliche Clamanten, die wider vns predigen. Zu dem/ wer wirt ihm dieses passiren lassen/ daß alles was in der Chur vnd Fürsten gegenwart/ vnnd in ihren Hoff-Capellen gepredigt werd/ den Fürsten als bald gefalle vnd angenem sey? Sintemal die Zuhörer die lehr prüfen/ vnd waß auß menschlichen affecten vñ ohn grund der schrifft geredt wirt/ in alle weg vnderscheiden vnd mercken sollen. Es hat ihm D. Iacobus Andreæ selbst nicht alles gefallen lassen/ was er von den Heidelbergischen Hoffpredigern anno *NOTA* 80 in der Hoffcapell/ vnd zu Margrauen Baden gehöret hat/ vnnd da ihm Pfaltzgraff Ludwig

Churfürst damals gefolget/ hat er seine Hoffprediger nicht lang geduldet. Hat auch ohn zweiffel dem frommen Churfürsten Ludwigen in seinem hertzen vbel gefallen/ daß etliche vnuerschamte Prediger seinen lieben Herrn Vater löblichster gedechtnuß vnd seine Christliche lehr dem Teuffel geben haben/ wie alle tag zu Heidelberg vnd anderstwo treffliche/ vorneme Rhät/ die sonst Lutherisch sind/ vnd die Lutherischen Predigten hören/ zeugen/ daß sie an solchen vnzeitigen vnd lesterhafften verdammungen nie kein gefallens getragen. Darumb auch Pfaltzgraff Ludwig Churfürst vor etlich jahren mit seinen vornemsten Rähten dahin entschlossen/ vnnd sich mit vnserem Gnedigsten Herrn Hertzog Johan Casimir rc. Christlich vnd brüderlich verglichen/ daß dergleichen condemnationes eingestelt werden solten/ ob er schon solches von etlichen seinen halsstarrigen vnruwigen mit dem Flaccianischen vñ vbiquitistischen Geist eingenommenen Predigern nicht hat können erlangen/ vngeachtet/ dieselbe zu vnderschiedlichen maalen/ wie mit glaubwirdigen leuten zu beweisen/ von seiner Ch. G. darumb ernstlich gestrafft/ vnd solcher verdammungen/ vnnd lesterungen sich zuenthalten erinnert worden. So hat auch vnsere Genedigste Herrschafft die namen vnd handschrifften der jenigen vnruwigen practicanten/ die jre Ch.G. keine ruh gelassen/ vnd dieselbe wider jhre angeborne sanfftmütige art vnd natur/ ja auch wider jhr vorhaben zu solcher abschaffung der diener vnnd Prediger/ vnd zur verbitterung wider die genanten Caluinischen gleichsam gedrungen haben/ welchem

NOTA.

chē raht doch jre Ch. G. niemals aller dings nach﹀
kommen sind vnd weren ohne zweiffel jhre Ch. G.
viel frischer vnd gesunder gewesen / wo solche gifftí﹀
ge schlangen, die dem frommen Herrn die ohren ohn
vnderlaß mit verdammungen/verbannungen/vñ
andern gifftigen reden gefült habē/seine Ch.G. nit
also gekrenckt/gemartert vnd geplagt hetten. Dañ
sonst ist offenbar/vnd auß vielen handlungen vnd
schrifften augenscheinlich zu beweisen/das jhre Ch.
G. vngern mit gewissen conditionibus vnd bedin﹀
gungen/wie auch ohn zweiffel andere Chur vñ Für﹀
sten zu vnderschreibung des Concordi buchs kom﹀
men. Dañ auß der vorred desselbigen offenbar, daß
sich etliche Theologen zu deselben werck eingedrun﹀ Der Ber-
gen/vnd die löbliche Fürsten vberredt haben/als ob gische Pa-
die Vbiquitet gar nicht darein versteckt / sonder wer triarchen
nur ein erklärung der Augspurgischen Confession, betrug.
welche in rebus vnd phrasibus mit derselben vberein﹀
käme: Item/daß keine verdammung vnserer kirchē
darin gemeint seie/welchs aber nit ist/ vnd gestehen
solchs die vornemste Authores des Cōcordi buchs in
jrer Refutatiōschrifft wider die Anhaldische Theo﹀
logen/daß jre phrases oder art zureden von der Vbiquitet,weder im wort Gottes/noch Augspurgischer
Confession vñ Apologi stehen. Vñ mercken schon al﹀
bereit etliche vorneme Fürsten vñ Rähte/daß sie mit
demselbigē Buch jren scopum der gewünschtē Concordi nicht erreicht haben / sonder in grossen vnko﹀
sten vnd weitere trennung geführet worden sind.
Wie dann auch Heshusius selbst in Actis des Que﹀
delburgischen Colloquij bekennet/ daß er vnd die
Nidersächsischen Kirchen durch die im Concordi﹀
buch

buch vorsteckte Vbiquitet betrogen/ vnnd daß mit
jhnen von dem vornemsten Authore des Concordibuchs nicht auffrecht gehandlet worden. Jst nun
das nicht vmb Gottes willen ein schön Apophtheg-
ma oder weiser spruch/ welchen Osiander võ Pfaltzgrauen Ludwigen Churfürsten etc. erzelen'/ vnd
mit grossen buchstaben verzeichnen darff/ daß er
nemlich sol gesagt haben: Er were den Caluinisten von hertzen feind. Dann wann Osiander ein
tröpfflein Theologischen bluts/ oder rechten verstands hette/würd er daß nimmermehr erzelet/viel
weniger so hoch angezogen vnnd gerümbt haben:
Dieweil ein Christ den jrrthumen/ nicht aber den
Personen feind sein sol. Vnnd solte jeder Churfürst wie Osiander fürgibt/ den Caluinisten also
von hertzen feind gewesen sein/ müst er seinem lieben
Herrn Vatter/ deßgleichen seinem geliebten Bru-
der/ vnserm Gnedigsten Herrn/ wie auch vielen
vornemmen Rhäten/ die jhre Ch. G. alle tag an
der taffel gehabt/ vnd für Caluinisch außgeschrien
worden/ von hertzen feind gewessen sein. Darumb
nicht zuuermuten/ daß der from vnd verstendige
Churfürst/solches der gestalt geredt/ oð aber wirdt
diß der verstand gewesen sein/ wie es mit andern
Fürsten vnnd vielen guten leuten auch solche meinung hat: Daß sie dem Caluinismo so ferr feind
sind / als ferr derselbig so ein vngehewrer jrrthumb sey/ wie diese lesterer vorgeben/ da nemlich
Christo sein Testament cassirt/ sein allmacht ge-
leugnet/er von seinem thron abgesetzt/ ein Arrianis-
mus eingefüret/ nichts dann blosse zeichen auß den

Sacra-

Sacramenten gemacht. Wenn das der Caluinismus
were: wer solt einem solchen Caluinismo von grund
des hertzens nicht feind sein/wie wir rund vor Gott
vnd der welt zeugen/daß keine leuht auff erden sol‑
chen greweln/die von den Vbiquitisten vnd Flac‑
cianern auff vns erdacht sind/so feind vnd abhold
sind/als wir selbst/wie es dann auch zu jederzeit die
vornembste bescheidene Lehrer der Augspurgischē
Confession wol gemerckt/vnd deßwegen brüderli‑
che freundtschafft mit vnsern Kirchen gesucht ha‑
ben: Vnd zwar/wer in der warheit vnd eigentlich
wissen wil/was böse friedhässige leuht den CALVI‑ *Was ei‑*
NISMVM nennen/vnd vnder diesem namen bey den *gendtlich*
einfeltigen so verhaßt machen/ist es nichts anderst *Caluinismus sey.*
als die lehr von den H. Sacramenten/welche die
allgemeine Euangelische Christliche Kirch meh‑
rertheils/sonderlich aber die Kirchen/so durch
langwirig Creutz bewert sind/schöpffen vnd holen/
nicht auß dem groben/vnnd doch von etlichen so
hoch gerhümbten widerruff Berengarij durch den
Papst Nicolaum gemacht/oder auß dem Cardinale
Cameracense, vnd den Streitschrifften D. Lutheri/
sonder auß den klaren/gantzen worten der einsatz‑
ung des H. Abendmals: Item/auß der art zu reden
von den H. Sacramenten/die in der gantzen Heyl.
Schrifft breuchlich/vnd auß der eigentlichen ver‑
heissung des Euangelij/alles nach anweisung des
H. Apostels S. Pauli/vnd auch der Apologi Aug‑
spurgischer Confession/vnd zuvorderst den Arti‑
ckeln vnsers Christlichen Glaubens von vnserm
HERRN Jesu Christo/der da zwo vnderschiedli‑
che Naturen hat/vnd deßwegen/ob er schon in bei‑

D

den Naturen vnser einiger/gantzer/vnzertrenter Heyland vnd Emanuel ist/wirdt er doch nach art der Menschheit/vnd seines Fleischs in gewissem ort/ wo vnd wie er will vmbschrieben: Ist aber vñ reicht allenthalben/nach seiner vnendtlichen/ohn vmb= schriebenen natur/nemlich nach der Gottheit. Diß ist der recht Catholisch glaub (spricht Vigilius lib. 4 contra Eutychen) vnd eben die Bekantnuß/welche die Apostel vbergeben/die Martyrer bekrässtigt/ vnd die Gläubigen zu jederzeit behalten haben. Solchen glauben aber nennen heut die Vbiquiti= sten einen Caluinischen glauben/da wir doch we= der in schrifften/noch auff den Cantzlen zum Cal= uino, sonder allein zu der H. Schrifft alten vnd newen Testaments/vnd zu den bewerten Symbolis Ecclesiæ vns beruffen. Was sonst die person Iohan-

Wer Cal= uinus ge= wesen. nis Caluini anlangt/ist er ein mensch gewesen/wie D. Luther/ein Prediger vnd lehrer des Euan= gelij/wie D. Luther/allein daß er kein Mönch ge= wesen/wie Lutherus selbst/deßwegen desto mehr nachdencken vnd gedult mit seiner lehr zuhaben/ erinnert: dieweil er als ein Mönch im Papstumb sehr tieff gesteckt/hat auch Caluinus dermassen das alt vnd newe Testament erkläret/daß jhn vor et= lich Jaren D. Iacobus Andreæ sein Præceptorem ge= nennet hat. Ist auch seliglich vnd inn der anruf= fung Jesu Christi entschlaffen/nicht weniger alß D. Luther. Vnd weiß die gantze Christenheit/zeu= gens auch seine schrifften/dz in viel jarn kein Lehrer gelebt/der die grewel des Papstumbs/deßgleichen die Arrianer/Seruetianer/Widerteuffer/Liber= tiner/vnd andere Secten statlicher vñ mit grössern ernst/

ernſt vnd eiffer/als er/widerlegt hab. Darumb es
zuerbarmen/daß ſchier ein jeder Bachant/der nur
ein jar auff einer Vniuerſitet geſtudirt/vnd vom
Caluino, vnd andern gleichen rüſtzeugen Gottes/
nichts anderſt weiß/noch wiſſen darff/deñ was er
von etlichen vnſinnigẽ leuten hat hören plaudern/
wann er auff die Cantzel kompt/an Caluino, Marty-
re, Beza, Danæo, &c. will Ritter werden/dieſelbige
höchlich verleſtern/vnd alſo den gemeinen einfeltigen mann/der von dieſen ſtreiten nichts weiß/vnd
die verantwortung derſelbigen Lehrer nicht ge-
hört/oder geſehen/jrre machen. Soll es dann nicht
recht vnd Chriſtlich ſeyn/da das Mandat vnſers
Gnedigſten Herrn ſolch vnbefüge leſtern/wie auch
die parteyiſche Namen abſtelt. Dann zur zeit S.
Pauli/waren wol bey den Corinthern viel grewli-
chere jrrthumben eingeriſſen/vnd wil dannoch der
H. Apoſtel nicht haben/daß ſich jemands Pauliſch
nenne. Zur zeit Athanaſij, der ein ſolcher gewaltiger
kämpffer geweſen iſt wider die Arrianer/vnd ſo ein
ſchön glaubensbekantnuß geſtelt/haben ſich die
Chriſten nie Athanaſianer genent/wie vnſer ge- Schaud.
gentheil ſich Lutheriſch nennet/vnd mit groſſem
ſpot vñ verkleinerung der Euangeliſchen Kirchẽ/
den Papiſten/den titel der Catholiſchen einge-
raumt vnd folgen laſſen.

 Der ander grund vnd ſchein Oſiandri/wa- pag.7.
rumb er meint daß einem eifferigen Prediger nicht
zu verweiſen/wann er die Caluiniſche lehr ernſtlich
auff der Cantzel ſtrafft/iſt genomen/auß dem vrtheil vnd vnwiderſprechlichen ſententz dieſes Cardinals der Vbiquiter: Dann er alſo dauon redet/

D 2

als wann sein mund allein / solte seyn ein regel der warheit / vnd ist dermassen im harnisch / daß er kein sanfftmut / sonder lauter ernst wider die arme vnschuldige Caluinisten wil bewiesen haben / ja er ist also entrüstet / daß er sich auch an die Politische vnd weltliche Räht macht / vnd will dieselbige auß allen Cantzleyen / der Chur vnd Fürsten / vnd auß allen Rahtsheusern der Stätten verbannen / dieweil dieselbige seinem vorgebt nach / nichts guts / sonder lauter Schaden practiciren. Da sollen billich alle verstendige Politische Räht disem Hoffpracticanten Osiandro, vnd seines gleichen auff die garn sehen / vnd fein mercken / wie der Antichristisch Geist sich in jhnen reget / vnd was diese Beichtvätter den frommẽ Fürsten für feine Consilia geben / auch woher die verbitterung / vnd vnbefugte verordnungen in etlichen Fürstlichen Testamenten kommen / nemlich / nicht von den Fürstẽ selbs / sonder von der importunitet / von dem verhetzen vnd angebẽ diser Practicanten / welche D. Luther sehr wol abmalet in 2 Timoth. 3. Sie sind freueler ohn alle forcht Gottes / spricht er / als were es vnnüglich / daß sie jrren möchten / oder niemands verhanden / der sie straffen würd: Dieweil sie sich auß allen richten gezogen haben / ist kein ding daß ihnen fürkompt / daß sie auch nicht frechlich vnd thürstig wagen dö:ffen / wo sie nur raum vnd fug haben. Solche vntugend nennen sie ZELVM VERITATIS ET IVSTITIAE, wann dieser deckel fürgewendt wirdt / da hüte dich / da ist gewißlich eitel freuel vnd thurst. Item: Sie sind auffgeblasen / spricht Lutherus / da brüsten sie

sie sich vnd sagen: Wer wil vns wehren? Wir sind befreihet/ vnd von jederman außzogen/ wir sollen richten vnd straffen/ vns sol niemand richten/ noch straffen etc. Wer ist aber D. Osiander/ vnd wann schon deren noch sieben weren/ daß von wegen seines vrtheils/ so viel vnschuldiger leut sollen verdampt vnnd verbant sein/ oder warumb soll man mehr auff Osiandri, Flaccij oder des Schütz zu Wittenberg vrtheil gehē/ als auff das vrtheil der thewrēmānner Philippi Melanchthonis, Buceri, Crucigeri, Capitonis, Hyperij, Victorini, vnd andern Præceptoren/ ja auff das vrtheil der allgemeinen Euangelischen Kirchen? Dann solt man heut in einer freien versamlung das vrtheil d' Euangelischen Kirchen anhören/ würde sich finden daß sie vnsere Christliche lehr gut heissen/ vnd aber vber Osiandrum vnd seine Consorten klagen/ auch klärlich darthun würden/ daß sie nichts richtigs von den H. Sacramenten lehrten/ vnd die vornembste Articul des Glaubens verkehrten. Darumb auch diese Hern/ welche ein solches wol riechen/ von keinem freyen Synodo etwas hören oder wissen wöllen. *Warumb die Vbiquitisten den freien Sy nodis so feind.*

Der dritte vermeinte grund Osiandri wider die genanten Caluinisten/ darumb man sie ohne schew verdammen sol/ seind seine Censuræ, das ist/ zum theil verkehrungen vnser lehr/ zum theil solche anziehung derselbigen/ die gar nichts wider vns beweiset. Gibt für das die Stiffter des Mandats den streit vom H. Abendmal verkleinern/ als wan derselbige nicht von der gegenwart/ sonder von der weise der gegenwart were. Das heißt aber nicht verkleinern/ endern/ oder verkehren den haupt- *pag. 9.* *Vōhauptstreit.*

D 3

streit/dann es weisens alle handlungen vnd schrifften der vnsern/daß sie nie die gegenwart vñ gemeinschafft Christi geleugnet/ sonder allein die leibliche gegenwart in den jrrdischen Elementen/ vnnd die mündliche niessung des natürlichen leibs Christi/wie gleich im anfang dieses streits auß den Actis was sich D. Luther mit Zwinglio/ Bucero/ Oecolampadio vnd andern auff der Conuocation zu Marpurg den 3 tag Octob. Anno 29 verglichen/erscheint/ daß sie von der Person Christi/ von der Tauff/ vnnd andern puncten eins worden/allein

NOTA. sey vnuerglichen blieben: Ob der waare leib vnd blut Christi leiblich im brot vnnd wein sey/ etc. Dann die vnsern allwegen bewiesen vnnd dargethan/das die waare gegenwart vnd gemeinschafft Christi/ welche in der schrifft gerühmet wirdt/ sey nicht in den jrrdischen Elementen/ sonder in vns Christglaubigen zusuchen vñ zubetrachten/ demnach vns die verheissungen geschehen seind/ vnd in vns Christus als in seinen gliedmassen wohnen wil. Ist auch zuerbarmen/ daß diese leut so jrrdisch vnd fleischlich gesinnet/daß sie meinen/es sey nichts warhafftig gegenwertig dañ was sie in dē händen haben/ vnd mit dem leiblichen mund empfangen/ als wann dem glauben vnd der seelen nichts gegenwertig were / oder der allmechtige Geist Christi nichts zu solcher waaren gegenwart schaffen könte. Vnd darff der Hoffprediger Osiander diese offenbare Calumniā wider sein gewissen widerholen/ als solten wir lehren/ wir hetten gemeinschafft mit den wolthaten Christi/ aber nit mit Christo selbst/

da er

da er mit seinen Consorten sehr wol weiß / daß eben
die vnsere solchen jrrthumb in dem Allemanno Lug-
dunensi vnd andern gestrafft haben/wie auch in den
Vbiquitisten dieser jrrthumb zu straffen ist/ daß sie
meinen/man könne ohn Christo/vnnd ausserhalb Jrrthumb
Christo seiner wolthaten/seines lebens vñ des glau Osiandri.
bens theilhafftig sein/ welches stracks ist wider die
lehr Joh. 15 cap. Gleich wie die reb kan kein frucht
bringen/ sie bleib dann am Weinstock: also ir nit/
jhr bleibt dann in mir/ dann ohn mich könt jhr
nichts thun. Also ist ferners zu mercken/daß/ob schon
Osiander auß dem Consensu Caluini cum Tigurinis,
vnnd auß dem Beza etwas herauß zu zwacken sich
vnderstehet / damit er gern beweisen wolt / daß sie
die ware gegenwart Christi nicht bekant hetten /so
macht er sich nur hiemit desto mehr zuschanden.
Dann es sihet jedermenniglich / daß er blind vnnd
taub sein müsse/ wann er nicht sihet vnd höret/was
jhm vnd seinen Consorten so offt geantwortet wor-
den/ vnnd ob schon zu Sturgardt oder Tübingen
solche schrifften der vnsern nicht dörffen gelesen
werden/ habens doch viel tausend andere gelesen/
vnd sie selbs müssen gestehen/vnd lehrens auch mit Jacob.
vns/daß/wann man das wesen menschlicher natur Andres in
ansihet/sey Christus mit seinem Leib an einem ort der Pre-
natürlich vnd wesendlich. Nun ist aber gewiß/das digt zu Es-
der Leib Christi auch in der persönlichen vereini- ling. pag.
gung sein natur vnnd wesen nit verlieret/ darumb 44.
er auch vmbschrieben bleibt. Wil aber Osiander die
vnsern straffen/ so straff er die artickel des Glaubēs
vnd

r̄n die H. schrifft/ welche zeuget daß der leib Christi
gen Himmel gefahren / daselbsten sey vnnd nicht
auff Erden. Darumb er auch vermög der schrifft
orts halben/ so weit von den jrrdischen Elementen
ist / als der Himmel von der Erden. Es haben
aber wol tausendmal die vnsere richtig erkläret/
daß es nicht folge: Christi leib ist orts halben im
Himmel/ vnd nicht im brot vnd wein: Darumb
ist er vns aller dings nicht gegenwertig. Dann er
vns als vnser haupt gegenwertig ist/ wie denn daß
haupt allen gliedern des menschlichen leibs gegenwertig ist/ ob es schon nit ebē an dem ort ist/ da alle
andere glieder sindt. Also ein Prediger auff der
Cantzel ist allen seinen Zuhörern gegenwertig/ ob
er schon nicht in dem ort stehet / da sie alle stehen.
Viel mehr ist vns der leib Christi gegenwertig/ da
wir jn nach art der gnaden gaben/ im wort der ver-
heissung empfangen/ vnd mit jhme durch das starcke band des H. Geistes vereiniget/ also das er in
vns vnd wir in jhme leben. Solche weis der gegen-
wart/ dauon die gantze H. Schrifft zeuget/ wollen
diese Theologen nicht erkennen oder mercken / in
massen solche waare tröstliche gegenwart von den
vnsern so statlich außgefüret/ vnd wider die Calumnien dieses Clamanten bekant worden/ als vnder
andern lib. 4 Institutionum Caluini, cap. 17, Sect. 19.
Vnd in dem schönen büchlein Iosiæ Simleri, de vera
Christi præsentia in Cœna. Jtem/ in den verantwor-
tungen Bezæ wider Selneccer, wider Sanctesium Mo-
nachum: wider tredecim viros Torgenses, vnd sonst
an mehr orten. Vnd ist wunder/ wie diese vnruwi-
ge leut auff so viel erklärungen Bezæ so viel geplärs
auff

Coloss. 3.
I. Pet. 3.
Heb. 4.

Von der
gegēwart
Christi.

auff allen Cantzlen dauon machen / daß er gesagt hab / der Leib Christi sey so weit von den Elementen des Abendmals als der oberst Himmel von der Erden ist / da doch Hertzog Christoffel von Würtenberg / ꝛc. löblicher gedächtnuß / vnd Brentius in dem zu Elsaßzabern mit dem Cardinal von Lotringen gehaltenē gespräch im Februario anno 1562 (wie das vberschickt Protocollum, so in der Churfürstlichen Cantzley vorhanden außweiset) ermelten Bezam mit diesen worten verthediget haben: Hertzog von Guise hat berichtet / welcher gestalt der Beza offentlich geprediget / daß so weit Himēl vnd Erden von einander: also weit wer auch der ware Leib vnd das Blut Christi von dem brot vnd wein des Nachtmals / vnd were nur ein geistliche niessung. Auff welchs Hertzog zu Würtenberg geantwortet / S. F. G. achten darfür / daß gedachter Beza dieses crasso modo verstanden / vnd sein thema dahin gerichtet / des Papstumbs greiwel / in dem da vermeint wirt / den HERRN Christum in das brot zu beschwehrē / in das heuslin einzusperren / vnd folgends zum spectakel herumb zutragen / vnd also den gefangenen Christum dem Volck im brot zu dem anbetten / für zuzeigen / damit abzuleinen.

 Daß aber Osiander weiter klagt / die vnsern lehren / der Leib Christi sey weder himlischer noch irrdischer weiß zugleich in vielen orten / ist eben so

Hertzog Christoffel von Würtenberg entschuldiget Bezam wider den Cardinal von Lotringen / vnd desi jetzigen Cardinals zu Stutgart lestern.

viel als wañ er die anklagen wolte/die da lehren/der Leib Christi sey ein wahrer natürlicher leib/der nit zumal ein leib/vñ kein leib sey: gewiß aber ist es/daß der HERR nicht widerwertige eigenschafften in seiner angenomen menschlichen Natur hat/vnd auch sein Leib an jenem tag/in seiner höchsten Glori nicht auß vielen orten/sonder vom Himmel kommen wirt/zu richten die lebendige vnd die todten: vnd ist ferners gewiß/da er sein heiliges Abendmal eingesetzt/daß sein Leib nit zugleich an vielen ortē/ sonder allein am Tisch bey den Jüngern gewesen: Item/nach der Aufferstehung war er nit zugleich in dem grab/vnd ausser dem grab/dann die Engel

Luc. 24.

außdrücklich sagen: Er ist nicht hie: sonder ist aufferstanden. Vnd sollen sich deßwegen diese Clamanten doch einmal ihrer groben offenbarlichen Calumnien schämen/als da Osiander pag. 12 ferner fürgibt/daß wir durch das wort/Christus/allein die Gottheit Christi verstehen/kan es aber doch mit einem buchstaben nicht beweisen/sonder bekennet selbs mit allen seinen Consorten/daß wir lehren vnd glauben/wir seien des Leibs Christi theilhafftig/vnd daß wir stets führen den text Johan.6 von dem lebendigmachenden Fleisch vnnd Blut Jesu Christi/welcher text freylich nicht von der Gottheit/sonder von dem für vns gegebenen Leib Christi/vnd also von dem hauptstück vnd schatz des Sacraments lautet. Da nun der ware vnd natürliche Leib Christi vermög des texts Johan.6 warhafftig gessen wirt/vnnd aber nicht gessen werden möcht/wo er vns nicht gegenwertig wer/folget vnwiderspechlich/daß zu der wahrē niessung des leibs

Christi

Christi, die leibliche gegenwart in den jrrdischen Elementen nicht erfordert werde/wie diese leuht von vns schreien / daß wir keine wahre gegenwart des Leibs Christi glauben/dieweil wir nicht halten/ daß sein Leib leiblich im brot seye. Daß jhm aber pag. 71. wehe thut/das wir von jnen sagen vñ klagen/wie sie singen/schreiben vñ lehren/der Leib Christi sey im brot verborgen/können wir nichts darfür: Dann wann sie es nicht grob meinen / sollen sie nicht grob mit dem Papst Nicolao reden/ Naturaliter, corporaliter, sensualiter. Item/was der Priester in der hand hat vnd in mund gibt: Item/da das brot ist / da ist der leib Christi / wie ein kind in der wiegen / gelt im seckel / wein in der kandten / wie dann durch solche gleichnussen jhre Scribenten die wort des Abendmals erklären / sonder solten von verbergung des Leibs Christi anderer gestalt nicht / dann wie die Alten von diesem geheimnuß reden / schreiben / daß er nemlich den eusserlichen sinnen verborgen sey/dieweil er inwendig vnd geistlich genossen / da die eusserliche zeichen eusserlich vnd leiblich empfangen werden.

Der vierte eingewante grund / durch welchen Osiander sein schreien vnd lestern wider die Calvinisten zu beschönen vermeint / ist dieses nichtig fürgeben / als wann wir vns von der Augspurgischen Confession abgesondert / vnd vnsere lehr darin verworffen were: Da es doch weltkündig vnd von den vnsern offt berichtet worden / wie sie sich Anno 30 / nicht zwar von der Augspurgischen Confession / sonder allein von dem Articckel vom Nachtmal / der sonderlich in der ersten Apologi gar Päpstisch

Wer von der Augspurgische̅ Confessio̅ sich abgesondert hab.

gelautet / auch deßwegen von den Päpstischen approbirt worden / gesöndert haben / darumb auch derselbige artickel ein Jar hernach wol bedächtlich corrigirt vnd geendert / da dañ die von Straßburg / wegen solcher erklärung vnd Concordi / die Anno 36 zu Witteberg gefolgt ist / sich zu der Augspurgischen Confession / als die mit jhrer Confession vberein käm / offentlich bekennet. Inmassen diese ding außführlich von den vnsern in Historia Augustanæ Confessionis & eius Supplemento auß der Schweitzer schreiben an Lutherum / vnd auch auß der handlung Buceri vnd Capitonis mit dem Raht zu Bern dargethan worden. Ist derhalben ein grundloses gedicht Osiandri / daß er schreibt / die vnsern haben nicht viel nach der Augspurgischen Confession gefragt / biß anno 55 / damit sie in Religions frieden möchten begrieffen werden. Denn wie es vmb den Religion frieden / so anno 55 / nicht zwar erst auffgerichtet / sonder verneweret / vnd in etlichen puncten vermehrt ist worden / in warheit beschaffen sey / daß mag sich Osiander auß dem / was am end der Augspurgischen Confession Histori / zur Newstatt außgange / hievon tractirt wirdt /

Vom Religionsfrieden. erlehrnen: Alda er befinden wirdt / daß der erst Religionsfridstand mit den Papisten / seinen anfang zu Schweinfurt Anno 1532 gehabt / in welchem fridstand die vier oberländische Stätt / bey jhrer zu Augspurg vbergebener Confession / wie dieselbe zu der zeit in jhren Kirchen im gebrauch war / als der Augspurgischen Confession verwandte / von den Keyserlichen Commissarien sind angenommen / auch hernach allweg bey solcher jhrer vn-
verender-

36

verenderter lehr bey allen nachfolgenden wider
ernewerten Religionfrieds handlungen / vn
außgeschlossen blieben / als zu Franckfurt anno
1539. Item zu Speier / vnd Regenspurg biß auff
den Schmalkaldischen Krieg / in massen dann
auch damals der Hertzog von Württenberg/ dessen
Theologen zu derselbē zeit von der Vbiquitet nichts
wußten/ vnd es viel mehr mit vnsern Kirchen hiel
ten/ in solchem Religionsfried begrieffen war / wie
dann der hernach ernewerte Religionsfriede / da
mit Osiander so sehr truget / was den Artickel
von beiden Religionen/ so in dem Religion frieden
begriffen sein sollen / anlanget / von wort zu wort
auß dem vorigen Franckfurtischen temporal Reli
gion friedstand genommen ist. Wann nun der
Anno 1555 widerernewerter Religionfried bey dem
verstand der vorigen auffgerichten/ vnd etlich mal
vernewerten Religionfriedstånden blieben / so ist
es gewiß/ daß die vnsere nicht außgeschlossen /son
der viel mehr die Vbiquitisten/ vnnd newe Osian
dristen/ welche von der Concordi Lutheri vnd Buceri
zu Wittenberg Anno 36 auffgerichtet / vnd von der
Augspurgischen Confession zu den Streitschrifften Lutheri / vnd zu der in keinem Religionsfrieden begriffnen Vbiquitet getretten sindt/ wie denn
schon allbereit die Päpstische ständ/ vn̄ mehr dann
der halb theil der Euangelischen ständ erkennen
vnd zeugen / daß solche lehr / Das der Leib Christi
in allen orten sey/ wie die rechte hand Gottes / in
der Augspurgischen Confession/ weder gesetzt/ noch
gemeint sey/ viel weniger findet sich in ermelter Confession oder in dem Religionsfrieden dieser newe

Die Vbiquitet aus dem Religionsfriedē außgeschlossen.

Newer Osiandrismus.

E 3

Osiandrismus, da er Osiander in seinen zwoen Predigten geschrieben: Wer keinen andern grund hett als die wort der einsatzung/ vnd nit glaubte/ der leib Christi wer vor im brot wie auch allenthalbē/ der möcht vber nacht Zwinglisch vnd ein Sacramentirer werden. Sonst was den Religionsfriedē anlangt/ derselbig kan zwar niemands helffen wider die fridhässige Clamanten, quibus nunquam est pax, spricht Esai. 57 cap. Vnd haben vnsere Kirchen in jrem manigfaltigen creutz vnnd elend/ wie noch etliche vornemme ständ des Reichs/ sich viel mehr des frieden Gottes vnd seiner gnaden/ dann eins solchen Religionfriedens müssen getrösten.

Die gegē-lehr im zehenden Articul Augspurgischer Confession.
Was weiter Osiander von der gegenlehr/ die im zehenden artickel der Augspurgischen Confession verworffen wirdt/ herfür bringt/ dasselbig gehet vns gar nicht an/ sonder die Widerteuffer vnd diejenigen/ so die Sacrament vernichtigen/ wie es außdrücklich gemeldet wirdt in dē Reichs abschied/ der damals auffgericht ist worden. Er Osiander selbs bekenner/ daß wir vnsere lehr von den h. Sacramenten/ durch gewisse fragstück/ so der listige Mann einē Faßnachtrock vergleicht/ auß der Augspurgischen Confession vnd Apologi bewiesen vnnd bestetiget haben: Spricht aber hönisch/ das wir allein der Augspurgischen Confession sein wöllen/

Vbiquitisten vnnd Flaccianer sind solche gäst die dē wirt vertreibē.
vnnd es sey ein böser Gast/ der den Wirt vertreib. Wer thut aber solches/ dann eben die Vbiquitisten vnd Flaccianer? die solche böse vnartige Gäst sind/ daß sie den Wirt/ das ist/ den Authorem Augustanæ Confessionis, Philippum Melanchthonem verspottē/ schmehen/

schmehen/vnd auß der anzal der reinen Lehrer setzen vnnd vertreiben: Item/ durch jhre newe Normam vnnd eingewante erklärung der Augspurgischen Confession, darinn sie newe puncten/ die in derselben nicht stehen/ herfür bringen/ vnnd jhre gründ nicht auß der Apologi/ sonder aus den streitschrifften Lutheri holen/ damit verkleinern vnnd stossen sie auß die Augspurgische Confession vnnd Apologi. In summa sie sind eben die jenige/ die auß mancherley farben vnd tüchern einen rechten Faßnacht rock in jhrem Concordibuch zusammen geflickt haben/ in dem sie so mancherley Symbola, vnd vnderschiedlicher Authorum schrifften/ auch gantz widerwertige glossen in ein buch zusammen geraffelt haben/ die vnsern aber auß gleichen vnnd eines Authoris schrifften/ nemlich auß der Augspurgischē Confession, dero Apologi vnd Franckfordischen abschied/ als ein schöne Harmoniam/ vnd den rechten safft derselben bewerten allgemeinen schrifften der alten Ständ Augspurgischer Confession/ in gewisse klare fragstück gefasset/ vnd ein schönen krantz auß vielen schönen blumen vnd perlein gemacht/ wie dañ D. Osiander in demselbigen außzug nichts dann das zu tadlen weiß/ (vnd muß doch gestehen/ daß es die eigene offtwiderholte wort der Apologi sind:) daß die Sacrament ohne glauben vnnütz vnd vergebliche Spectackel seyen/ wie der Türcken beschneidung/ oder der Heiden opffer. Daß er aber bald hernach fürgibt/ diese frag: Ob man die junge Kinder täuffen sol/ stehe nicht in der Apologi/ antworten wir/ daß aber die erörterung vnd die Resolution

lution derselbigen frag / vnd eben die antwort / so in ermelten fragstücken gesetzt / stehe in der Apologi vnd auch in der Repetition. Da erzeiget sich warlich das gifftig hertz dieses Mans / daß er bey solcher klaren / im wort Gottes vnd der Augspurgischen Confession gegründten lehr / vns gern in den verdacht bringen wolt / als lehreten wir / der Kindertauff / were ein lauter vergeblich spectakel / dieweil nach vnser lehr (wie er berichtet) die kleine kinder noch nicht glauben / welches ein nichtige folg vnd consequens ist. Dann erstlich wie D. Luther selber schreibt im grossen Catechismo von dem Kindertauff. Es ligt vns nicht die gröste macht dran / ob der getaufft wirdt / glaub oder nicht glaub / den darumb wirt die Tauff nicht vnrecht / dieweil (spricht er) deß Tauffs wirdigkeit auff Gottes befelch vnd ordnung / nicht auff dem glauben stehet. Darnach ist zu mercken / wie Osiander vns gewalt vnd vnrecht thut / da er die leut bereden wil / als lehreten wir / daß die kleine kinder allerdings vngleubig sind. Dann gleich wie sie nicht aller dings vnuernünfftig sind / ob sie schon die vernunfft noch nicht brauchen können / also lehren wir / daß sie nicht allerdings vngleübig / ob schon der glaub sich in jnen nicht wie in den gewachsenen erzeiget / sonst haben sie in jhnen den samen des glaubens vnd der buß / durch heimliche sonderliche würckung des H. Geistes / vnd wer den H. Geist hat / der hat die wurtzel deß glaubens / vnd aller tugenden / das seind die eigene wort Caluini lib. 4 Institution. cap. 16, Sect. 20, vnd Petri Martyris in 7 caput 1. Cor.

Welcher gestalt die kleine kinder gleubig.

pag. 17.

Was sonst Osiander bey diesem puncten von der

der Augspurgischen Confession weiter meldet/ daß die Lutherische die vnseren nie für Brüder haben wöllen erkennen / muß er allhie die Lutherischen vnderscheiden/ wie vor zeiten ein vnderscheid gewesen ist/ zwischen den rechtgleubigen Jüden/ vnd denen die auß der beschneidung waren/ oder die zelotæ genent worden sind. Solche zelotæ vnd vnfreundliche Lutherische seynd Amsdorff gewesen/ wie noch jetzt die Vbiquitisten vnd Flaccianer.

Zweierley Lutherischen.

   D. Luther aber da jhm solche leut in den ohren nicht gelegen sind/ hat die vnsere für brüder erkent/ wie es klärlich erscheint auß einem sendbrieff an die von Straßburg/ da er also schreibt: Ich bitt ewere Euangelisten / meine lieben Herren vnd Brüder/ daß sie euch vom Luther vnd Carlstadt auff Christum weisen. Solches erscheint auch auß der brüderlichen schrifft Lutheri an die Schweitzer/ welche steht Tom. 6 Ienensi, Tom. 12 Vviteb. Es haben auch vor dem ernewerten streit von der Vbiquitet Brentius, Vitus Theodorus, Iacobus Andreæ dem Caluino freundlich als einem bruder geschrieben/ wie auch nicht weniger Melanchthon biß zu seinem seligen abschied / Caluino, Bullingero vnd Hardenbergio gethon. Zu dem ist offenbar/ vñ weiß Osiander als ein Hoffprediger (welches ohne zweiffel jhme in seinem Cainischen Hertzen wehe thut/ daß die Lutherische Fürsten vnsern Religions verwandten Fürsten als brüdern zuschreiben/ vnd halten wir sie für so redlich/ als Teutsche Christliche Fürsten/ daß jhnen recht ernst sey/ vnd daß sie vil mehr dem Apostel Iohanni, dann dem Osiandro folgen werden / da S. Johannes im 3 Cap. seiner

Tom. 2. VVitteb. pag. 57.

F

ersten Epistel also schreibt: Das ist die bottschafft die jr gehöret habt von anfang/dz wir vns vnder einander lieben sollen/nicht wie Cain/der von dem argen war/vnd erwürget seinen bruder.

pag 17. Nach dem nun der zornige gifftige Mañ/seinen zorn also vber vns vnd das Christliche Mandat vnsers Gnedigsten Herrn/der Churfürstlichen Pfaltz Administrators/ꝛc. gnugsam außgegossen/beginnet er abermals vber vns zuklagen/ als wann in vns keine sanfftmut seye. Dann seinem vorgeben nach/werden reine Prediger vñ Schuldiener von jhren diensten durch die genante Caluinisten gestossen/vnangesehen/daß die Lutherische Prædicanten noch in keinem öffentlichen Synodo vberzeugt vnd verdamt worden sind. Diese erinnerung aber solt Osiander jhm selbs thun/der mit seinem anhang stets schreiet vnd warnet/man sol kein Caluinisten in diensten dulden/wie sie auch in vielen orten das Christlich begrebnuß den vnsern versaget/vnd zur zeit der verfolgungen/die in Engelland vor 28 Jarn gewesen/haben dise Claman-

Die Vbiquitische vnd Osiandrische Sanfftmut. ten solche sanfftmut den Armen/mit Weib vnd Kindern verfolgten/vnd im harten Winter vertriebenen Christen/bewiesen/daß sie in etlichen orten schier hungers gestorben/vnd weder Herberg/ Platz/noch mitleiden haben finden können/wie dann auch vor sieben jaren alle vnsere Theologen oder Prediger/ohn anzeig einziger erheblicher vrsach/von jhren lieben Schäfflein vnd zuhörern/ auff anhalten diser newen Cardinäl/verstossen/vñ nicht allein in keinem Synodo/sonder auch in keiner

Dispu-

Disputation/keinem gespräch:c. gehört/ viel weniger vberwiesen worden sind/ja es ist der neid vnnd groll etlicher Priesterknecht im land wider etliche beurlaubte Kirchendiener so groß geweßt/ daß sie denselben (zweiffelfrey/ ohne vorwissen der hohen Oberkeit) alle schmach vnd schmähliche Frondienst aufferlegt/ vnd etwan den Nachrichtern zu dienen genötiget haben. Das ist die Ybiquitetisch Osiandrische sanfftmut/ vn̄ das sind die bescheidene leut/ die von andern sanfftmut fordern/ deren wir sonst viel viel exempel jhrer vnbarmhertzigkeit vnd vnfreundlichkeit erzelen möchten: wo es die that in vilen orten/ ja alle jre predigten/ schrifften vnd gebet den nit genugsam bezeugten. Ob aber vnsere Gnedigste Herrschafft gröſſere sanfftmut brauchen/ vnd vätterlicher handlen köndte/ als sie thut/ geben wir allen menschen zu vrtheilen/ wie auch J. F. G. sehr wolleiden möge/ daß alle verständige auffrichtige Christen darüber vrtheilen. Den̄ vnangesehen, daß diese Prælaten im land in keiner Oration/ gehaltenē Leichpredigten vnd Gebetten/ da sie viel geringerer personen gedacht/ jhrer F. G. nicht mit einem wort meldung gethan/ sonder viel mehr auff dieselbe gestochen/ vnd nicht vor dieselbige bitten wollen/ biß es jhnen auß der Cantzley befohlen worden: Darneben aber in allen jhren Predigten vnd Gebetten ein verbittert Hertz wider jhre F. G. erzeiget. Nichts desto weniger, haben S. F. G. mit groſſer gedult vnd vätterlicher sanfftmut, dieselbige in der person/ in J. F. G. gemach vnd sonst/ da sie schon zimlich vngestüm/ jrer art nach/ sich erzeiget/ angehöret/ sich erbotten/ durch S. F. G. Prediger

Von dem sanfftmütigen vätterlichen Proceß Hertzog Johan Casimirs/ der Churf. Pfaltz Administrators/:c.

F 2

die Calumnien wider vnsere Christliche lehr abzuleinen / aber der gegentheil in ein mündtlich gespräch / als es von jnen in der Cantzeley begert war / sich einzulassen mit zimlichem trutz abgeschlagen / vnd viel Conditiones vnd bedingungē erst fürschlagen wöllen. Sind auch so schew vnd friedhässig gewesen / daß sie auff vnser erbieten vnd der Oberkeit befelch mit vns in Senior raht zu sitzen oder das geringste mit vns zuthun oder zuhandeln difficultirt / vnd mit harten worten geantwortet / sie wolten mit den Vngläubigen nicht ein Joch ziehen. Vnd haben auff allen Cantzlen zu Heidelberg / vnd in der Pfaltz mit grossem ärgernuß vieler Vnderthanen allerley beschwerliche vngegründte lesterungen / anziehung der Personen / da sie vns auch mit Jüden vnd Türcken verglichen / vnd daß wir eins Christlichen gruß nicht werth weren / öffentlich vnd gleich ohn schew verlauten lassen / daß jhr F. G. nicht vnzeitig vervrsacht mehr ermelt Christlich Mandat von abschaffung solcher grewlichen auffrührischen Calumnien mit gehabtem reiffem raht aller hohen Räht zu publicirn. Vnd solches hat hiebevor Hertzog Heinrich võ Braunschweig der jünger / in S. F. G. vnd des gantzē nider Sächsische kreiß namē anno 62 gethan / wie in dem damals gedruckten vnd publicirten Edict diese wort stehn: Daß die Theologen / Pfarherrn vnd Prediger / Schulmeister vnd andere / vom den hochwürdigen Sacrament des Abendmals vnsers HERREN Jesu Christi nicht anderst reden / lehren / o-

Edict Hertzog Heinrichs von Braunschweig/ vñ deß niderSächsischen kreiß.

der

45

Wo bleibẽ die Streit-schrifften Lutheri

der predigen sollen/ dann wie Christus selbst/ die Euangelisten/ der H. Apostel Paulus/ die Augspurgische Confession vnd Apologia dauon reden/ꝛc. Folget hernach inn demselbigen Edict/ welches den 25 Iunij datiret/ also: Wann dann das vngebürlich schelten vnnd lestern auff den Cantzeln/ auch condemnirung ander leuht/ die noch nicht gehört noch jrrthumbs vberwunden seyn/ frommen Christlichen Predigern nicht gezimet/ auch solch fürnemmen nicht allein wider Gottes befelch/ vnnd die Christliche liebe ist/ sonder viel mehr dardurch grosse widerwertigkeit vnd mißtrawen zwischen hohen vnd nidrigen Stands Personen/ auch letzlich verachtung aller Religion entsteht / wie leider solch vbel mit grossem schmertzen zuvernemen: So gebieté wir ferner in krafft obberürts Lüneburgischen kreiß abschieds/ hiemit allen vñ jeden Pfarrherrn/ Pastorn/ Seelsorgern vnd Predigern/ daß sie sich befleissigen/ das wort Gottes lauter vnd rein ohne einige verfelschung dem volck fürzutragen/ vñ viel Seelen dem HERRN Christo zuzuführen/ vnd Gottes ehr/ vnd der leuth seligkeit zu befürdern/ vnd sich des bißher geübten scheltens vnd lesterns/ priuat personen/ oder Vniuersiteten/ die keines jrrthuñs

F 3

vberzeuget/ oder wie recht/ durch ordenlich erkant
nuß nicht vberwunden / gäntzlich enthalten/ bey
vermeidung der verweisung/ oder anderer gebürlichen leibsstraffe/ nach gelegenheit der vberfah-
rung.

Da aber einer vermeinen würde/ das jemand
mit vngesunder lehr behafftet/ so hat er denselbi-
gen nach der lehr Christi brüderlich vnd freundlich zuermanen/ oder da er dauon nicht abstün-
de/ die sach zuuerhör der ordenlichen Oberkeit/
vnd gebürlichen Cognition vnd erkantnuß zube-
fürdern/ vnd sich der bescheidenheit zuhalten/ die
Gottes wort vnd gebrauch der alten Christlichen
Kirchen gemeß ist/ etc. Item/ daß wir in vnsern
Kirchen mit vngrunde also verlestert werden/ wie
vnsere widersächer vorgeben/ hat Hertzog Chri-
stoff von Württeberg / Christmilter gedechtnuß/
neben dem Brentio in dem gehaltenen gespräch zu
Elsaszabern mit dem Cardinal von Lottringen/
gezeuget. Dann da der Cardinal vom hochermel-
ten Hertzogen von Württeberg/ wissen wolt/ waß
doch der Deutschen Confession vnnd Religion wer/
vñ ob sich dieselbe in allem mit den Gallicis ministris
vergleichen thet/ gaben seine F. G. diese antwort/
wie wir sie von wort zu wort auß dem Autentico
Protocollo, so in der Churfürstlichen Cantzley vor-
handen/ vnd zu derselbē zeit vom Hertzog zu Württeberg dem Pfaltzgrauen Friderich dem dritten
Chur-

*Hertzog
Christof-
fels von*

Churfürsten zugeschickt/verzeichnet wie folget/ꝛc. Es wußten sein Hertzog Christoffels F. G. sich keines vnderschieds zu berichten / darinnen die Gallici Ministri mit der Augspurgischen Confession discordirten/dann in dem artickel des Herren Nachtmals/ wer aber dermassen geschaffen/ das verhoffenlich ein gute vergleichung zutreffen sein möchte / dañ mehr der streit in verbis were/ dann das man sonsten so weit von einander sein solt.

Wirtenbergmeinung von den Frantzösischen Kirchen wider Ostandrum.

Was ist denn das für ein vnbescheidenheit/ ja ein Hellischer zorn / daß die Vbiquitisten das Edict vnsers Gnedigsten Herrn / jetzt mit dem Edict Ahasueri / jetzt mit dem Interim / jetzt mit dem Alcoran vergleichen/ vnd vnsere lehr gar für Teuflisch halten: vnd damit jedermenniglich sehe/ wie vnser Gnedigster Herr der Churfürstlichen Pfaltz Administrator, etc. ja nicht gelinder hat können handlen / ist zu mercken / daß etliche Prediger/ als vnder andern die zu Oppenheim/wie es die Räht vnd Amptleut/ vnnd ein gantze Gemein daselbst wissen/ so außgelassen vnd frech gewesen/ daß sie in öffentlicher Predigt/nach des Churfürstens Ludwigen etc. absterben/ schimpffliche/ vffrürische/ Gottlose reden von vnserm Gnedigsten Herrn/dero F. G. geliebten Herrn Vatter/ Frawen Mutter/ die in Gott ruhen/ von sich auff der Cantzel on schew außgegossen. Item/ das die Caluinische lumpen leuht/vñ des Teuffels mit leib vnd
seel

seel seien / wie es die Acta so bey Ch. Cantzeley vers
handen gnugsam vnnd offentlich außweisen. Da
bitte wir den Osiandrum/ das er zu Stutgard/ im
land zu Sachsen/ Hessen/ oder sonst wo er wil/ fra-
ge/ wann solche Prediger bey jhnen weren/ die jhre
lehr vnd Herrschafft gleicher gestalt verlesterten/
wie man mit jhnen vmbgehen/ vnd ob es bey einer
schlechten abschaffung verbleiben würde. Nun hat
man nicht allein nichts strengs wider solche offenbare lesterer fürgenommen/ sonder sie zuuor güt-
lich gehöret/ sie jhrer lesterungen vberwiesen/ vnd
da sie sich halsstarrig vnd mutwillig erzeiget/ jhr
etlich wenig beurlaubt/ doch gewisse frist vnd ter-
min zum abzug gegeben. Was dünckt den Osiandrum von solcher sanfftmut/ oder was hat er vor
mangel an diesem proces, meinet er dann/ daß man
erst ein Synodum versamlen müß/ so offt man ein
halßstarrigen offentlichen Calumniatorem vnd einen auffrührischen Lesterer abschaffen sol? Das
Mandatum beweiset hell vnnd klar / das sonst den
Lutherischen Predigern bey vns erlaubt jhre
lehr (wie sie dieselbige verstehn) auß jren Cathechi-
smis zu predigen/ vnnd die gegenlehr/ wo sie solche
nur trewlich anziehen/ so gut sie es können/ zu wi-
derlegen/ allein sollen sie die Calumnias, die Perso-
nalia, vnnd andere vnerbewliche ding meiden/ wie
darumb auch J. F. G. auß sonderm Christlichem
verstand vnd eiffer freye publicas disputationes an-
gestellet/ vnd wir vns offtermals zu freundtlichen
gesprächen erbotten/ damit dieser streit ordenlicher
weis erörtert/ vnd inn diesen schweren trübseligen
zeiten fried in der Kirchen/ so viel immer müglich/
erhalten

erhalten würde. Vnd hiemit sey abgeleint/ was Osiander zur behauptung seiner vn̄ anderer lesterungen/ wider die reine Bekenner der Augspurgischen Confession/ die er Caluinisten nennet/ eingewant hat. Er wolt aber auch gern durch ein Recrimination vber vns klagē/ als ob wir jnē mit vngrund vil ding zulegen vn̄ andichten solten: Daßselbige aber in dem Mandat/ (welches er partheyisch nennet) vns nicht verbotten/ da er doch weiß/ daß in solchem Mandat beiden theilen die bescheidenheit auff erlegt/ vnd alles calumnijren in gemein verbotten. Daß aber die ding in specie nicht erzelt werden/ davon Osiander pag. 22 schreibt/ geschicht deßwegen/ daß es keine calumnien/ sonder offenbare jrrthumben/ vnnd abschewliche reden sind/ die sich in jhren schrifften finden/ vnd jhnen vielmaln von etlichen Ständen der Augspurgischen Confession/ als den Newstättischen/ Pfalzgräffischen/ Anhaldischen/ denen zu Bremen/ den gelehrten zu Straßburg vnd andern/ mit erinnerung der Bücher vnd bletter klärlich dargethon worden/ als nemlich/ daß Brentius geschrieben: Christus hab ein ewige/ vn̄ ein mitgetheilte Gottheit/ in seinē büchlein de Maiestate Christi, pag. 91, vnd in Recognitione, pag 90, Christus der Sohn Gottes habe durch die Göttliche Maiestet/ nicht allein der ewigen Gottheit/ sonder auch der Gottheit/ die er dem Sohn des Menschen in erfüllung der zeit mitgetheilt/ Himmel vnd Erden erfüllet.

Ob wir die Lutherischen calumnijren.

Abschewliche reden der Würtembergischen.

Item/ daß auß jhnen ein promovierter Doctor Theologiæ, zu Tübingen/ in gegenwart eines fürtrefflichen Fürsten/ vnd in beysein zweier fürnemmen Theologen (so noch bey leben) offentlich gesagt (darüber sich die zuhörer nicht wenig entsetzt haben sollen) Daß Christus so wol in Herodias leib/als im leib der Jungfrawen Mariæ gelegen sey: haben es die jetzige Theologen zu Bremen in offentlicher schrifft bezeuget/vnd seynd bey leben/anders wissen wir nicht/die beide Doctores Theologiæ/vnd andere die dabey gewesen.

Item hat Brentius im Buch von der Maiestet Christi pag.24 geschrieben/daß eines jeden menschen natur/der jetz im Himmel ist/seye dem Sohn Gottes einuerleibt/vnd mit jm in einigkeit der person verbunden. Item/daß der leib Christi in allen winckeln/Steinen/Vierkanten sey/hat Parsimonius Osiandri mitbruder/vnd Marbachius in seiner letsten schrifft/ohne schew geschrieben/ volget auch solchs auß der lehre Osiandri vnnd der Vbiquitisten/demnach sie lehren/der leib Christi sey in allen orten wie die rechte Hand Gottes. Da sihet man wie diese leut/so andern jhre Concordi auffdringen wollen/mit einander/ja mit sich selbs concordiren/ vnd vberein stimmen. Wie sie auch heut/ von der außgiessung der Göttlichen Maiestet in die Menschliche natur nichts wissen wöllen/da doch solchs jhr Patriarch Brentius geschrieben/Recog. pag.16.29.30.

pag.105.
Concordia discors.

Item/daß sie die Menschheit Christi fast nach des Eutychis vnd Schwenckfelds lehr tilgen/volget schließlich auß jhren seltzamen reden/als da D.Luther schreibt/inn dem Buch/das die wort noch fest stehn:

stehn: Christi fleisch ist auß allem fleisch gesöndert/ vnd allein geistlich fleisch/nicht auß fleisch/sonder auß geist geboren. Item/da sie im Concordi buch mit Luthero schreiben/daß der Leib Christi nach der dritten weise/das ist nach art der Gottheit allenthalben sey wie Gott/vnd wo Gott ist. So lautet diß daselbst auch gar Marcionitisch/da sie mit Luthero schreiben/daß das fleisch Christi durchs brot fehret/wie ein klang durch bret vnd lufft/vnd vnser gesicht durch lufft/glaß/liecht/ɾc. In massen sie auch dem HERRN ein vnsichtbaren/vnd so subtilen leib zueignen/welcher fürwar nicht der ist, der für vns im leib der Jungfrawen geboren/vnd für vns am stammen des Creutzes gecreutziget worden. Stinckt deßwegen abermals solche Osiandrische lehr nach dem geist des Antichrists: dan spricht S. Johannes/das ist der geist des Widerchrists/ der nicht bekennet/daß Jesus Christus sey ins fleisch kommen. Fleisch aber heißt nicht ein vnendlichs vnsichtbars wesen/sonder vnsere menschliche dürfftige natur/warer menschlicher natürlicher leib/vñ ware menschliche natürliche seel. Also habē ferners schier alle Kirchē der Christenheit dise leut gewarnet/daß wo nach jrer lehr eine andere natur/ als die Göttliche der Göttlichen eigenschafften fehig were/so könt man nicht mehr die Göttliche natur von der Menschlichen/vnd den Schöpffer von dem Geschöpff vnderscheiden/dann was einem andern gemein vnd mitgetheilt wirt/kan kein ware eigenschafft heissen: Als vnder andern vnderscheidet sich Gott der HERR von allen Creaturen/al-

Antichristische lehr.

1. Iohan. 4.

Was fleisch sey beim Johanne.

so Jerem. 23. Bin ichs nicht/der Himmel vnd Erden fülle/spricht der Herr. Dise Lehrer aber dörffen schreiben/daß Christus alles mit seinem fleisch füllet/vnd verkehren den spruch S. Pauli Ephes. 4/welcher nicht lautet von dem fleisch Christi/sonder wie D. Luther selbst erkläret/von der würckung/krafft vnd gaben/vnd wollen doch nichts desto weniger diese Herren die fromme Fürsten vnd andere einfeltige bereden/daß sie die Vbiquitet nicht lehren. Da aber dem also/warumb schreiben sie dann in jhrem Concordibuch: Wo du einen ort zeigen würdest/da Gott were/vnnd nicht der Mensch/(vnd wie sie sich vor erklären) nach vnnd mit seiner angenommenen Menschlichen natur/so were die person zertrent. Item/sie schreiben/er erfüllet alles warhafftig vnd allenthalben/nicht allein als Gott/sonder auch als Mensch gegenwertig. Item/daß solle man gar nicht leugnen/wir wissen dann zu beweisen/daß Christi leib aller ding nicht mög seyn/da Gott ist. Item/sie beruffen sich offentlich auff Luthers streitschrifften/Luther aber in dem Buch/daß die wort fest stehen/schreibt/Wo die rechte Hand Gottes ist/da muß Christi leib vnd blut seyn. Die rechte Hand Gottes aber/spricht er/ist allenthalben/in jedem körnlein/auch in dem geringsten baumblat. Vnd Brentius in Recognitione hat dörffen schreiben/daß inn dem Himmel/dahin Christus gefahren/auch die Hell vnnd der Teuffel seye: Heißt das Christum nicht

von

Sic Ambrosius epist. Io. & Hilarius in Psalm. 56.

Wie die Vbiquitet im Concordibuch steckt.

von seinem thron absetzen. Dann ja der Thron deß HERRN weder die Hell/ noch die jrrdische Elementen sind/ sonder wie die gantze schrifft zeuget/ vnd wir bestendiglich lehren/ist der Thron der Maiestet Gottes droben im Himmel. Es sihet auch jedermenigklich/ daß auß jrer lehr der grund der Päpstischen Abgötterey mit den hostien bleibt. Dann es werde das brot verwandlet oder nicht/ wann der leib wesentlich vnd leiblich in oder vnder dem brot/ oder nach dem Buchstaben/ das brot der leib Christi leiblich ist/ so folget ohnwidersprächlich das anbetten des brots / welches zwar Luther/ wie auch das auffheben des Sacraments/in etlichen schrifften öffentlich verthedigt / vnd noch heutigs tags in etlichen Lutherischen Kirchen gespürt vnd gehalten wirt. Können also ferners die Consubstantiation/vnd daß sie Christum ans brot binden/ nit lengnen/ weil sie stets diese art zureden brauchen/ er hab sich an das brot mit seinem wort gebunden. Item/ es sey im Abendmal fleischbrot vnnd leibsbrot/ vnd daß in/ vnnd mit der substantz des brots seye das wesen/ vnd die substantz des leibs Christi. Daß sie aber diß alles so subtil verstehen wollen: vnd doch so grob dauon ohn alle schew reden dörffen/ daß ein from hertz darüber erzittern möchte/ ist sich nicht wenig zuverwundern/ daß nemlich der leib Christi auß der hand deß Priesters komme in den vnsaubern mund der Gottlosen buben. Item/ der Papst hab recht gesagt/ daß wir mit vnsern zänen zerdrucken vnd zureiben den warhafftigen leib Christi. Item/ die schöne frag/ die auß einem Lutherischen Hoff gebn Wormbs Anno 57/ an die

Wer Christum von seinem Thron absetze.

Die Consubstantiation.

Theologen gelangt/ob der Leib Christi von dem mund biß in den bauch käme/vnd dergleichē vngeschickte reden. Wir geben auch allen fromen Christen zuerkennen/ob nicht diese leuht des HERREN Testament Cassiren vnd vernichtigen/da sie dasselbige nicht in der gnädigen vergebung der Sünden durch das blut Jesu Christi/sonder in der mündlichen niessung des leibs vnd bluts Christi gründen/ vnd also alle kinder drauß schliessen, den Gottlosen aber vnd Heuchlern/die vom Kelch trincken/solches vergünnen/wie dann nach dem Buchstäbischen verstand der wort der einsetzung vnd deren leuht meinung / das Testament Christi were nicht der leib für vns gegeben/sonder allein der Kelch / dieweil vom Kelch/nicht vom brot gesagt wirt/es sey das newe Testament in seinem blut: wie wenig auch Osiander halte von den worten der einsatzung/ist auß dem wol abzunemen / daß er dieselbige nicht zum rechten grund der gegenwart Christi im H. Abendmal setzet: sonder die Persönliche vereinigung vnd allenthalbenheit des leibs Christi/der vorhin auch ausser der Action des H. Abendmals in Brot vnd inn allen Creaturen sey: menget also gar vntröstlich vnnd vnbescheiden die allgemeine gegenwart Gottes der den Teufflen selbs nach art seiner rechten Hand gegenwertig/mit der gnaden gegenwart vnd gemeinschafft Christi/mit seinen gliedmassen/die im H. Abendmal bezenget wirt. In summa es ist nicht zu sagen was für vngereumter/vngeschickter/vñ vnbestendiger lehren auß dieser leuht meinung fliessen, da sie an statt des einigen wahren grunds widerwertige gründ erwelet/vnd gar

Wer des HErren Testamēt cassire.

gar nicht nach der warheit / sonder allein vnd fürnemlich darnach / daß sie jhren primat vnd ehrgeitz erhalten / getrachtet / vnd die vnselige Ybiquitet zu Canonisiren sich vnderstanden haben. Jetz gilt bey jhnen der gemein Præceptor Philippus nichts mehr: auch die Augspurgische Confession nicht / welche jhre Pfarrherren nicht lesen dörffen absque Antidoto siue correctiuo normæ Bergensis, vnd erfahren wir / daß ja der mehrtheil der Prediger / die vnder jhrem Stab gewesen / da sie zu red gestelt werden / von der erklärung der lehre von den H. Sacramenten / so in der Apologi Augspurgischer Confession steht / nichts wissen / vnd sich allein ad affirmatiuas & negatiuas normæ Bergensis beruffen / etliche auch bekennen / daß sie solchs Concordibuch nie durchgelesen / sonder aliorum exemplo vnd mit gewissen bedingungen vnderschrieben haben.

Derwegen wollen alle fromme auffrichtige Lehrer vnd zuhörer in der Churfürstliche Pfaltz / sich durch diesen newen Papst vnd lesterer Osiandrum / (der dieselbige gern freffenlich jhrer pflichten / damit sie vnser G. Herrschafft zugethan / ledig zehlen / auff andere Herrschafften weisen / an etliche vnbündige / vnbefugte / durch etlich wenig vnruwiger leuht / hinder die hohe Räht auffgelegte / vnd wider die Christliche lieb vñ Kirchenordnung streitende Iuramenta binden / vnd ein beschwerlichs gerümpel vnd zerrüttung in der Churf. Pfaltz / wie der Papst newlicher zeit in Engelland gethan / vermessenlich anrichten wolt /) mit nichten verführen vnd blenden lassen / sintemal Auffrührer nie kein gut end genommen / wie es Campianus vnd andere

Ermanūg an die Lehrer vnd zuhörer in der Churf. Pfaltz.

Baals-

Baalspfaffen in Engelland erfahren/ vnnd sich
vor denen sehr zuhüten/ welche die Herrschafften verachten/sind dürstig/eigensinnig/locken an
sich die leichtfertige seelen/ haben ein hertz durch-
trieben mit geitz/lestern/da sie nichts von wissen/
wie S. Peter spricht 2 Epist. 2 cap. Wir haben
Gott viel mehr von hertzen zu dancken/ daß er in
disen betrübten zeiten/da der Papst zu Rom durch
die Spanier das Vatterland sehr beschwerlich an-
greifft/einen solchen Administratorem der Churf.
Pfaltz erwecket hat/der nicht allein ein geborner
Pfaltzgraff/ ja Churfürstlicher Sohn vnd Brüder ist/vnd dem allein diese löbliche Administrati-
on von rechtswegen gebüret/ sonder auch seinen
ernsten eiffer zu der waren Christlichen Religion/
vnd dem Vatterland in vielen gefährlichen zügen
bewiesen/vnd in dem jetzt (also zureden) der Gott-
selige/fromme/vnd sanfftmütige Churfürst Frie-
derich der drit/hochlöblichster gedächtnuß/gleich-
sam wider lebet/ vnd der darnach trachtet/daß in
der Churf.Pfaltz güte vnnd trewe einander bege-
gnen/gerechtigkeit vnd friede einander küssen/ wie
David redet im 85 Psalm.

Ermanug an die Euangelische Potentaten/ vnd Politische Räht.

Es wollen auch alle verstendige Euangelische Potentaten vnd Politische Räht bedencken/
ob der angemaßte primat in Teutschland dem Osiandro gebüre/ vnd was vnrahts drauß erfolgen
würde/ wann durch diser leut anstifftung die Fürsten wider vnschuldige leuht verbittert/ vnd solch-
en vngestümmen/ wütenden/ newgebornen Prælaten das Richterampt der massen eingeraumpt
werden solt/ daß sie nicht allein daheim zu Hoff/
vnd

vnnd in der Cantzeley alles regieren / sonder auch
frembder Herrn Cantzeleyen vnnd Mandata regi-
strieren / vrtheilen / vñ derselben vnderthanen auff-
wickeln solten / wie der leidige Teuffel vor wenig
Jaren durch einen losen buben Iohan Marion ge- *Iohan Ma-*
nant / (der lang in der verstrickung gewesen / vnd *rion.*
in seinem bösen fürnemen ergrieffen worden) damit vmbgangen / daß durch außländische Politische Potentaten / etliche Vbiquitische Clamanten
erkaufft vnd practicirt würden / allerley vnruh
wider zwen treffenliche fromme / dapffere Teutsche
Fürsten zu errege. Da dergleichen ding aber gestat-
tet würden / Hilff Gott / wie ein erbermlicher stand
were zugewarten / da würde freylich das end ärger
dann der anfang / vnnd dieser letster Antichrist /
schädlicher seyn als der erste. Letzlich bitten vnd
vermanen wir alle friedfertige / bescheidene Lu- *Ermanũg*
therische Kirchen vnd Schuldiener / wo die seynd / *therische*
daß sie nicht Osiandri Hunde seyn wöllen / wie er *Kirchen*
sie / in seiner auffrührischen warnung wider das *dienerin*
Christlich Mandat / nennen thut / vnd zu bellen *der Churf.*
vermanet / sonder viel mehr sich befleissen / Schäff- *Pfaltz.*
lein Jesu Christi zu seyn / vnd diesen spruch Matth.
11 zubehertzigen: Lernet von mir / dann ich bin
sanfftmütig / vnd von hertzen demütig / so werdet
ihr ruhe finden für ewere seelen. Wollen auch ihre
zuhörer nicht auff streitschrifften der Menschen /
sonder auff das rein vnd lauter wort Gottes / vnd
bewerte Symbola weisen / vnd mercken / daß in den-
selbigen / wie auch in der Augspurgischen Confession vnd Apologi, weder die vnselige Vbiquiter /

noch die Fundamenta Osiandri/vnd seines anhangs zu finden/darumb solche Iuramenta, da sich etliche möchten verpflichtet haben/bey den verdammungen der reinen lehr von der person Christi vnd vom H. Abendmal/vnd der Vbiquitisten Concordi zu bleiben / wie sie nicht ohne sünd gethan/können auch ohne sünd vñ grosser beschwerdt des gewissens nicht gehalten werden. Vnd da schon auß Gottes verhängnuß/vnnd gerechtem vrtheil vber vnsere sünden vnd vndanckbarkeit/das newe Papstumb Osiandri ein solchen vermeinten fortgang gewinnen solt/(wie er mit seinen Adhærenten auff menschlichen arm sich allerdings verläßt vnd trutzet) daß friedfertige reine Lehrer vnd Prediger / die jhre knie vor Osiandro vnd seiner Vbiquitet nicht biegen wollen/in beschwerliche gefängnuß / vnd andere gefahr kommen/ja mit Weib vnd Kindern/ wie hieuor geschehen/ins elend mit grossem grimm vertrieben werden müßten/vñ keinen platz im Römischen vnnd Vbiquitetischen Päpstischen Reich hetten/ so sollen sie sich doch dessen getrösten/ daß sie auß dem Reich Christi nicht geschlossen seyn/ vnd daß ein gut gewissen weit ist vber alle wollust der welt/daß auch gleichwol die warheit not leiden vnd gedruckt/aber nicht vnderdruckt werden kan/ vnd daß der HERR zu seiner zeit der kinder Edom dannocht gedencken wirt / die da sagen: Rein ab/ Rein ab biß auff den boden.

Ein bitt zu Gott für Osiander. Gott ist aber zu bitten/daß er dem D. Osiandro (der ohnzweiffel von den sanfften/ruwigen tagen vnd grosser Autoritet vnd Præminentz/ die er vber die 20 Jar zu Hoff gehabt/etwas geil vnd

frech

frech worden) ein Christliche sanfftmut/ vnnd be‑
scheidenheit wolle verleihen/ damit er seinen beruff
zu Stutgart/ mit welchem er genug zuthun vnd
zuwarnen hat/ in frieden außwarte/ vnnd dem
MOREN/ dem sohn Iemini, der den fromen Fürsten
David verlestert hat/ wie er klagt im 7 Psalm/
nicht ehnlich werde/ sonder seine zunge für bösem
behüten/ seine lippen/ daß sie nicht falsch re‑
den/ vnd dem frieden nach JAGEN
wölle/ Amen.